神一样的对手

项羽

韩明辉 著

中国出版集团

现代出版社

U0666482

图书在版编目（CIP）数据

项羽：神一样的对手 / 韩明辉著 . -- 北京：现代
出版社 , 2021.3

ISBN 978-7-5143-9020-9

Ⅰ . ①项… Ⅱ . ①韩… Ⅲ . ①项羽（前 232- 前 202）
— 人物研究 Ⅳ . ① K827=33

中国版本图书馆 CIP 数据核字 (2021) 第 036796 号

项羽：神一样的对手

作　　者	韩明辉
责任编辑	姜　军　王志标
出版发行	现代出版社
地　　址	北京市安定门外安华里 504 号
邮政编码	100011
电　　话	010-64267325　64245264（传真）
网　　址	www.1980xd.com
电子邮箱	xiandai@vip.sina.com
印　　刷	三河市国英印务有限公司
开　　本	880mm×1230mm　1/32
印　　张	8
字　　数	157 千字
版　　次	2021 年 3 月第 1 版　2021 年 3 月第 1 次印刷
书　　号	978-7-5143-9020-9
定　　价	45.00 元

目录 / Contents

第一章　遭遇变故，少年项羽走上流亡路 / 001

霸王出世 / 002

项燕败亡 / 004

秦始皇驾崩 / 010

赵高李斯矫诏立胡亥 / 015

血洗咸阳 / 024

第二章　杀郡守，项羽初露锋芒 / 031

大泽乡起义 / 032

陈胜称王 / 039

引狼入室 / 043

神乎其神的赤帝子 / 045

杀回沛县 / 057

苟富贵，莫不相忘 / 061

第三章　树党羽，项梁谋立楚怀王 / 063

祸起萧墙 / 064

自掘坟墓 / 069

秦二世的反击 / 072

陈胜败亡 / 074

巧遇张良 / 078

谋立楚怀王 / 083

第四章　鏖战巨鹿，战神项羽一战成名 / 089

不作死，就不会死 / 090

巨鹿告急 / 094

北上救赵 / 098

赵高李斯斗法 / 104

魔高一尺，道高一丈 / 112

智取陈留 / 117

心急吃不了热豆腐 / 122

第五章　灭强秦，西楚霸王分封十八路诸侯 / 125

叛秦降楚 / 126

逼杀秦二世 / 130

子婴身世之谜 / 134

杀入关中 / 139

叛将曹无伤 / 144

惊魂鸿门宴 / 148

大封十八路诸侯 / 153

第六章　顾此失彼，导致后院失火 / 159

逃兵韩信 / 160

汉中对策 / 167

田荣反楚 / 170

平定三秦 / 173

弑杀义帝 / 176

下邑画谋 / 180

魏王豹叛汉 / 190

背水一战 / 194

第七章　君臣失和，西楚霸王被刘邦玩得团团转 / 201

不拘一格降人才 / 202

巧设离间计 / 210

谋士斗智 / 212

金蝉脱壳 / 215

劝降齐国 / 220

第八章　英雄末路，一代霸主饮恨乌江 / 225

　　十宗罪 / 226

　　游说韩信 / 233

　　平分天下 / 241

　　喋血乌江 / 245

第一章

遭遇变故，少年项羽走上流亡路

霸王出世

公元前232年，对于山东六国来说并不是一个好年头，因为这一年秦王嬴政将屠灭六国的计划又进一步提上了日程。然而，对于楚国大将项燕来说却是一个好年头，因为这一年他又多了个孙子，而他的这个孙子就是号称"千古无二"的西楚霸王项羽。

据说，在十个月前，项羽的母亲曾梦到一只扇动着金色羽翼的朱雀扑入她的怀中，不久她便怀上了项羽。

当抱起刚出生的项羽时，项燕发现他声如虎啸，拳如铁锤，目光如炬，并且每只眼睛上都长有两个瞳孔（即重瞳子）。

项燕大吃一惊："我听说虞舜与晋文公（春秋五霸之一）都是重瞳子，没想到我的孙子竟然也是重瞳子！将来，他必能像虞舜和晋文公一样成就一番霸业！"

由于项羽的父亲死得早，而项燕又整日忙于军务，所以教育项羽的重担就落在了二叔项梁的身上。

起初，项梁请来私塾先生教项羽读书写字，但没学多久项羽便厌烦了。

项羽用一副学渣的态度对项梁抱怨道："学读书写字除了能记姓名之外，屁用没有！"

"那你想学什么？"项梁压抑着心中的怒火问道。

"我要学剑！像荆轲一样做一名剑客！"项羽斩钉截铁地回答道。

项梁无奈，只好亲自教他击剑。

然而，没学多久，项羽又厌烦了，还说："学剑只能抵挡一人，没什么好学的！"

"教你读书写字，你不乐意；教你击剑，你又不乐意，你这熊孩子到底想怎样？"项梁暴跳如雷道。

"我要学万人敌，将来做霸王！"项羽信誓旦旦地说。

项梁突然发现这个侄子果然与众不同，没准真会像父亲所说的那样，将来能够成就一番霸业。

于是，项梁开始悉心教项羽兵法。

项羽聪慧，一点就通。项梁不禁暗暗称奇，认为项羽是个千年不遇的兵法奇才。

不过，让项梁气愤的是项羽虽然有学习兵法的天赋，但仅仅是略通其意，不肯认真学完。

项梁责备项羽说："你做事总是半途而废，有始无终，即便将来能够成为一代霸主，也难免会落得身死国灭！"但项羽对此却油盐不进。

在项羽九岁那年，家中突然传来惊天噩耗。这个噩耗不但改变了项羽的命运，同时也改变了整个项家的命运，甚至改变了楚国的命运。而这个噩耗就是项燕兵败自杀。

项燕败亡

公元前224年，志在兼并六国、一统天下的秦王嬴政在灭掉韩、赵、魏三国并赶走燕王喜之后，召集文武百官商讨灭楚大计。

"寡人下一步打算灭掉楚国，诸位认为征调多少士兵比较合适呢？"嬴政问道。

"二十万足矣！"一个年轻气盛的将领朗声回道。

这个年轻的将领名叫李信。

说起李信，很多人可能并不熟悉，但提到汉朝的飞将军李广，相信很多人并不陌生，而李广就是李信的后人。

前不久，李信在协助大将军王翦攻打燕国时，曾大败燕军，迫使燕王喜将指使荆轲行刺秦王嬴政的元凶太子丹的项上人头献给了嬴政，因此备受宠信。

王翦听罢李信的话，不禁白了一眼这个口气比脚气还大的家伙，欲言又止。

"王将军认为多少人合适？"嬴政随即询问王翦道。

"非六十万不可！"王翦语气坚决。

"哈哈哈，看来王将军真是老啦！李将军果断勇敢，青出于蓝而胜于蓝哪！"嬴政当即任命李信为大将军，命他与大将蒙恬率领二十万大军征讨楚国。

王翦见嬴政态度坚定，便撂挑子回老家频阳了。

儿子王贲对父亲的一举一动十分不解，便向王翦问道："老爸，此时正是建功立业的大好时机，您老为何要告病还乡呢？"

"大王为人刚愎自用，一向不见棺材不掉泪。如果他没有遇到挫折，即便我以死劝谏，他也断然不会采纳我的建议。与其在咸阳空耗，还不如回家落得清静！"

王翦见儿子非常失望，便拍拍他的肩膀安慰道："放心吧，大王很快就会请我回去！"

李信率领大军直奔楚国，并在平舆大破楚军，紧接着又顺利攻下鄢郢，然后率领部队继续西进，企图一鼓作气踏平楚国。

然而，被胜利冲昏头脑的李信万万没有想到，此时危险正在一步步向他逼近。

就在李信高歌猛进的时候，楚将项燕已率领楚军尾随秦军三天三夜，然而李信对此却毫无察觉。

项燕见时机成熟，趁李信不备，杀他个措手不及。

此战，楚军一举攻破秦军两个营，并斩杀了七个都尉，李信仓皇逃回秦国，秦军损失惨重。

经此一役，项燕名震列国。

当嬴政听到李信大败而归的消息后，肠子都悔青了！

嬴政立刻亲自赶往频阳向王翦道歉说："由于寡人没有听

从将军的建议，致使秦军蒙羞。如今楚军一天天向西逼近，现在正是用人之际，还望将军不要抛弃寡人！"

"老臣体弱多病，恐怕已经无法胜任，大王还是另请高明吧！"王翦婉拒道。

"希望将军莫要推辞！"嬴政诚恳地请求道。

"如果大王一定要用老臣，非六十万人不可！"王翦虽然不再推辞，但语气却不容置辩。

"一切听将军的！"六十万大军对于嬴政而言，那是他的全部家当，尽管有些心疼，但还是满口答应了。

为彰显诚意，出征时，嬴政还亲自为王翦送行。

让嬴政大跌眼镜的是，出发前王翦却向他讨要赏赐："老臣此去为大王征讨楚国，不知道何时才能归来。恳请大王看在老臣不辞辛苦的分上，赏老臣的家人一些良田美宅吧！"

"将军尽管上路，不必担心家人过不好！"嬴政有些不耐烦地回答道。

嬴政心想，大敌当前，这王翦不好好筹划如何御敌，竟然还惦记起良田美宅来，实在是太不应该了！

王翦诡秘一笑，回道："替大王带兵打仗，即便劳苦功高也很难封侯，所以老臣想趁着大王器重之时，多为子孙后代置办一些家产。"

嬴政不禁哈哈大笑起来："将军尽管放心，寡人一定不会亏待将军的家人！"

得到嬴政的许诺后，王翦这才安心地上路了。

然而，到达函谷关时，王翦却又三番五次地派使者回咸阳向嬴政请求赐予良田美宅。

王翦的这些行为，就连他儿子王贲也看不下去了。

于是，王贲责备王翦说："老爸，这都什么时候了，您竟然还惦记着为家里置办田产，是不是太过分了？"

"孩儿，你还嫩着呢！"王翦意味深长地笑道，"你想啊，大王生性多疑，如今他把全国的兵马都委任于我，如果我不通过向大王请求赏赐田宅给子孙置办家产来表示自己出征的坚定信念，难道要让大王平白无故地猜忌我吗？"

王贲此时才恍然大悟，不禁为老爸的政治智慧所折服，并为老爸默默地点了个赞。

楚王听说秦王倾全国之力来攻打楚国，再次派项燕前去迎敌。

让项燕大为不解的是，王翦抵达楚国边境后，并未直接攻城，而是选择高筑城墙，坚守营垒。

项燕多番命人挑战，王翦始终坚守不出。

项燕又派人刺探秦军军情，发现秦军每天聚在一起胡吃海喝，没有一丝想要攻城的迹象。

这哪是来打仗的，分明是来公款夏令营的！

项燕始终想不明白王翦葫芦里到底卖的是什么药！

过了一段时间，王翦问部将："现在士兵都在干吗呢？"

部将回答说："比赛投石子，看谁投得远。"

"不错不错，他们很快就会派上用场！"王翦笑容满面地捋了捋山羊胡子。

项燕见秦军无心应战，便撤军东去。

这恰恰中了王翦的计！

王翦等这一天已经足足等了一年！

事实上，王翦之所以挂起免战牌，除了想消磨楚军的锐气之外，还想趁楚军撤退之际，杀他们个措手不及。

等楚军一撤退，王翦果然率军杀出，并顺利击败楚军。

项燕逃至蕲县南边时，被秦军包了饺子。

看着堆积如山的楚军尸体，项燕知道自己已经无法扭转败局，便挥剑自杀了。

项燕自杀，能够阻拦秦军灭楚的最后一道防线也被突破。王翦畅通无阻地攻入楚国，并俘虏了楚王。

楚国被占领后，秦军开始在楚地大肆捕杀反秦人士。

作为项燕的后人，项梁和项羽更是在秦军捕杀的黑名单上。

为了活命，同时也为灭秦复国而保存火种，项梁只好带着年仅十岁的项羽四处逃亡。

几年后，项梁叔侄二人辗转来到了会稽郡的吴县。

优秀的人如同夜空中的星星，到哪儿都会闪闪发光。

项梁和项羽很快便在吴县闯出一片天地。吴县的英雄豪杰都非常敬重他们，并且心甘情愿地为他们鞍前马后。此外，他们还常是郡守的座上宾。

可以毫不夸张地说，大到徭役，小到婚丧嫁娶，吴县人都会找项梁前来主持。

项梁深谙兵法，常常用兵法来指挥大家干活，一如现在的很多政客、企业家甚至快递小哥学习《孙子兵法》一样，然后将兵法运用到各行各业中。

有一年，一统六国并且自称"始皇帝"的嬴政，带着大军浩浩荡荡地路过会稽郡时，被项羽看到了。

项羽远远地指着坐在御辇里威风凛凛的秦始皇，自信满满地说："我可以取代他！"

这在当时看来，项羽的话几乎是不可能兑现的！

不过，他的话很快就能兑现，因为大秦帝国的上空很快就要变天了。

秦始皇驾崩

秦始皇三十六年（公元前211年），火星侵入心宿。卜官认为，帝王将有大难。

不久，一颗陨石坠落在东郡，上面刻着"始皇帝死而地分"七个醒目的大字。

秦始皇认为陨石上的字是有人故意为之而非天意，但由于未能找到恶作剧者，因此下令将陨石周围的居民全部处死，并用烈火焚毁陨石。

同年秋，使者路过华阴县的平舒道时，山鬼幻化成人形手持玉璧拦住使者说："请替我把玉璧交给滈池君（水神），就说'今年祖龙死'！"使者问其缘故，山鬼将玉璧放下便消失了。

使者返回咸阳后，将此事汇报给了秦始皇，秦始皇一阵心塞。

沉默良久，秦始皇欲盖弥彰地解释道："山鬼只知道一年以内的事！而祖龙是指人类的祖先，并非说朕！"

近来怪事咄咄，并且桩桩涉及秦始皇最为在意的生死与秦帝国的一统，让秦始皇倍感焦躁与不安。

这种焦躁与不安是他屠灭六国期间从未有过的。

当天夜里，他侧卧在床榻，把玩着玉璧，一夜辗转难眠。

黎明时分，盯着玉璧发呆的他猛然坐起，然后立刻派人召来了御史。

"你见过这块玉璧吗？"秦始皇急切地问道。

御史接过玉璧，左看看，右看看，突然惊呼道："这块玉璧不是陛下于八年前横渡长江时为祭祀水神而沉入江中的那块吗？长江水势湍急，并且深不可测，时隔多年，陛下竟然还能将其打捞出来，定有神助！"

"你确定是那块玉璧吗？"秦始皇又何尝没有认出那块玉璧，只是不敢相信自己的眼睛。

"臣敢以性命担保！"御史确信无疑。

秦始皇刹那间失去了往日君临天下的帝王气魄，像只斗败的公鸡，一屁股瘫坐在龙椅上。

沉默半晌，他有气无力地对侍者说："传卜官！"

片刻之后，一名卜官手拿一尺二寸的龟甲来到大殿前。

古人之所以选用龟甲占卜吉凶是因为古人认为龟寿命长，并且年龄越大知晓的事理越多，因此还将龟与麒麟、凤凰和龙视为四大灵兽，并称龟为神龟。不同地位的人占卜使用龟甲的规格有所不同，天子使用一尺二寸的，诸侯使用一尺的，士大夫使用八寸的，普通人使用六寸的。占卜时，须将龟甲投入烈火中灼烧。灼烧时，龟甲会出现形状不一的裂纹，古人就是根据裂纹来判断吉凶的。

卜官口诵祝词，将龟甲投入以太阳之火引燃的荆条中。龟甲经过灼烧，发出噼里啪啦的声响。突然，"砰"的一声，巨大的龟甲炸裂成无数碎片，瞬间崩落一地。

卜官脸色大变，"扑通"一声跪倒在秦始皇面前，浑身战栗不止。

秦始皇有一丝不祥的预感，于是阴沉着脸问道："卦象如何？"

卜官匍匐在地，不敢言语。

"说！"秦始皇额头青筋暴露，心中升腾起一股杀气。

"此——此乃大凶之兆！"卜官语无伦次道。

"可有破解之法？"秦始皇强压着胸中的怒火问道。

"唯——唯有迁徙和巡游方可破解！"如果卜官此时告诉他并无破解之法，恐怕大殿上会立刻多出一具尸体。

当天，秦始皇便下令将内地的三万户百姓迁往北河、榆中一带，并计划于秦始皇三十七年（公元前210年）的十月（秦朝以十月为岁首，九月为岁末）外出巡游。

秦始皇一生总共外出巡游五次，其巡游的目的无外乎有三个：一、宣扬威德，震慑六国反动势力；二、祭祀名山大川，表明大秦受命于天；三、求神问仙，寻找长生不老药。

秦始皇三十七年十月，巡游的队伍从咸阳浩浩荡荡地出发了。

这是秦始皇第五次巡游，也是他人生中最后一次巡游。

临行前，他那贪玩的小儿子胡亥请求陪同，秦始皇心想，让他下基层见见世面也好，于是毫不犹豫地答应了。

但秦始皇丝毫没有察觉到，他的"毫不犹豫"为大秦帝国的灭亡埋下了一颗地雷。

就在五年前，外出寻找长生不老药的术士卢生从海上归来时，曾带回一本卜书，上面有一句谶语，说"亡秦者，胡也"。

秦始皇认为谶语中的"胡"字是指胡人，于是命大将军蒙恬发兵三十万北击胡人，致使胡人多年不敢南下牧马。

秦始皇耳目众多，又何尝没有听闻谶语中的"胡"字有可能是指儿子胡亥，但秦始皇认为即便自己无法长生不老，到时也一定会将皇位传给长子扶苏，胡亥既非嫡长子，又无权无势，怎么可能会成为大秦帝国的掘墓人呢？所以他对此并未在意。

当巡游队伍到达平原津时，秦始皇一病不起。他似乎意识到自己大限将至。

"今年祖龙死"以及"始皇帝死而地分"的谶语像阴云一般笼罩在他的心头，令他整日惶恐不安。

病情越来越严重，他就越发地厌恶死亡。没有人敢在他面前提及"死"字以及身后事。

他自认为德兼三皇，功过五帝，与凡夫俗子迥异，可以长生不老，永世主宰这个世界。但在他即将命赴黄泉的那一刻，他才意识到自己错了，因为黄泉路上无老少，也无贵贱。

来到这个世上，谁都别想活着回去！他秦始皇也不例外！

在奄奄一息之际，这个从来不知道妥协为何物的千古一帝终于向阎罗王妥协了。

他召来中车府令赵高，命其代拟一道诏书，召回因与他政见不合而被贬到上郡监军的长子扶苏回咸阳主持自己的葬礼。其言外之意就是让扶苏回咸阳即位。

躺在沙丘宫的龙榻上，秦始皇双眼空洞地凝视着房顶。屠灭六国，南征百越，北击匈奴，修建万里长城的画面在他的脑海中一一掠过，然后逐渐变得模糊，最终化为烟云消失不见了。紧接着，这位缔造了千古大业的一代帝王还是心有不甘地闭上了双眼，再也没有睁开过。

纵观秦始皇的一生，可谓是非常成功，但也有失败，是唯一的一次失败，一次足以动摇国本的失败——那就是在生前没有确立皇位继承人。

秦始皇为何不确立皇位继承人呢？其实道理很简单，因为只有会死的人才需要继承人，而他自认为会长生不老，所以不需要继承人。同时，他也自信过了头，认为即便自己死了，余威还在，没有人敢擅自篡改他的遗诏。正是由于这两种心态才给大秦帝国的覆灭埋下了祸根。

赵高李斯矫诏立胡亥

秦始皇驾崩，有两个人哭得最为伤心，一个是胡亥，另一个是赵高。胡亥哭属于儿子哭老子，而赵高哭则是因为他失去了秦始皇这个大靠山。

正当二人伏在秦始皇的尸体前哭得撕心裂肺的时候，却突然被一双粗大的手捂住了嘴巴，发不出声来。赵高、胡亥回头望去，是丞相李斯。

"先帝突然驾崩，但并未选定继承人，而先帝有二十多位皇子，皆对皇位虎视眈眈，他们一旦得知陛下驾崩于外，必定会掀起一场血雨腥风的夺嫡大战，到那时国家必然大乱，六国遗族也会趁机发难，后果将不堪设想，所以还请二位以大局为重。"李斯一脸悲痛地解释道。

赵高、胡亥虽然停止了哭泣，但仍旧不停地抹眼泪。

当天，李斯迅速封锁了秦始皇去世的消息，然后将秦始皇的尸体装在辒辌车中，命人每天照常送饭，让百官照常奏事，制造出一副秦始皇依然生龙活虎的假象，然后打算抄近道返回咸阳。

当时正值炎热的夏季，秦始皇的尸体很快腐烂变臭，为掩盖尸臭，李斯还命人在车上装满了满是腥臭味的鲍鱼。

秦始皇恐怕做梦都不会想到，自己死后竟然会与鲍鱼为伍！

赵高坐在返回咸阳的马车里，双手紧紧地握着秦始皇临终前命他发给扶苏的诏书，心中异常纠结。

赵高在纠结什么呢？当然是要不要将诏书发给扶苏。

赵高为人趋炎附势，喜欢溜须拍马，由于擅长迎合秦始皇，所以深受秦始皇的宠信，但他与扶苏却尿不到一个壶里。

扶苏为人正直，对赵高这种小人常常嗤之以鼻，极为不待见。扶苏一旦回到咸阳继承皇位，他赵高勤勤恳恳、战战兢兢服侍秦始皇到今天才获得的权势与地位，顷刻之间将化为乌有。

作为一名宦官，赵高为大秦帝国阉割了小脑袋，断了子，绝了孙，又做牛做马操劳了一辈子，最终却落了个不得善终，他能甘心吗？

苦思冥想良久，终于让赵高酝酿出了一个惊天阴谋：篡改遗诏，拥立胡亥为帝。

赵高为何偏偏选中了胡亥呢？主要有两个原因：一、赵高是胡亥的法学老师，曾教胡亥学习法律，胡亥对他基本上是言听计从；二、胡亥的智商有硬伤，容易控制。倘若胡亥能够顺利继位，控制了胡亥就等于控制了整个大秦帝国，到那时除了女人不能享受之外，荣华富贵岂不是享之不完用之不尽？

赵高只是一个宦官，当时他的岗位是中车府令，也就是负责管理皇帝出行的官，这种人又岂会有足够的能量去实施一个惊天阴谋？

既然如此，如何才能成功实施这个阴谋呢？赵高心里清楚，只要搞定两个活宝即可：一个是胡亥，一个是丞相李斯。

赵高信心满满地拿着诏书，找到胡亥，然后忧心忡忡地对他说："先帝驾崩时，没有分封各位公子，却唯独赐给你大哥扶苏一封诏书，令他返回咸阳主持葬礼。扶苏一旦回到咸阳，就会继承皇位，拥有天下，而您却没有尺寸封地，这可咋办哪？"

胡亥摆出一副无所谓的样子回答道："本来就该这样啊！我听说圣明的君主最了解大臣，圣明的父亲最了解儿子。老爸驾崩，没有分封我，我能怎么办呢！"

赵高凑到胡亥耳边提醒他说："小伙子，话可不能这样说！如今国家的大权就掌握在你、我和李斯的手中！"

胡亥疑惑不解地问道："老师何出此言？"

赵高并没有直接回答胡亥，而是反问道："向别人俯首称臣与让别人向自己俯首称臣，你会选择哪个？"

"当然选择别人向自己俯首称臣了！"胡亥脱口而出。

"这就对了！"赵高很满意胡亥的回答，"那你想不想让你大哥和全天下的人都向你俯首称臣呢？"

反应总是慢半拍的胡亥这才明白赵高的用意。

此刻，胡亥虽然对皇位有所心动，但嘴上仍旧说："废长立幼，不义；不遵守老爸的遗诏，不孝；自己才疏学浅，依靠别人而登上皇位，不才。这些都是大逆不道的行为，天下人都不会信服，最终只会落得个身死国灭的下场。"

赵高像个传销组织的头目对胡亥洗脑道："商汤、周武王诛杀他们的君主，天下人都视为义举，并不认为这是不忠。卫国国君弑父篡位，而卫国人都为他歌功颂德，就连孔夫子也为他著书立说，并不认为这是不孝。做大事，不拘小节；行大德，不必谦让。因小失大，就会生出祸患。犹豫不决，迟早会后悔。如果您行事果断，就连鬼神都会给您让路。我希望公子考虑一下！"

面对赵高一番连珠炮式的说辞，胡亥开始对皇位变得渴望起来。但他知道这事自己不方便出头，便说："现在老爸还没有发丧，我怎么好意思去麻烦丞相呢？"

赵高见胡亥已经被说服，便拍着胸脯向他保证道："至于丞相那里，公子就放心地交给我吧！我一定替公子搞定他！"

"一切就拜托老师了！"胡亥喜上眉梢。

搞定胡亥后，赵高又兴致勃勃地找到李斯，并开门见山地对李斯说："先帝去世前发给公子扶苏的诏书和符玺都在公子胡亥的手中，至于立谁为太子，全凭你我一句话了。您认为这事应该怎么办呢？"

听罢，李斯心里"咯噔"一声。待回过神来，他立刻义正词严地呵斥赵高说："你这阉狗怎么能说出这种亡国的话呢？让谁继位这不是人臣应该议论的事！"

赵高不恼也不怒，只是淡淡一笑，然后双眼直勾勾地盯着李斯，问道："丞相与大将军蒙恬相比，谁更有才？谁的功劳更大？谁更富有谋略？谁更受百姓拥戴？谁与公子扶苏的关系更好呢？"

"我知道我样样不如蒙恬，但我好歹也是丞相，你凭什么拿这些来羞辱我呢！"赵高的一番话戳到了李斯的痛处。李斯既惭愧，又愤怒。

"我赵高当初不过是宦官的奴仆，有幸以刀笔吏的身份进入皇宫，管事二十多年，但还从来没有见过被罢黜的丞相、功臣能够把爵位传给下一代的。恰恰相反，他们的结局都是以被杀而告终。先帝有二十多个儿子，这您是知道的。长子扶苏刚毅勇猛，继位之后，必定会任命蒙恬为相。到那时，恐怕您就无法再以侯爵的身份还乡了吧？"

赵高说的都是实情，李斯一时语塞。

赵高继续说："然而，我接受诏命，教导胡亥多年，还从来没有见过他有什么过失。胡亥为人宽厚仁慈，轻视财物，重视人才，尽管不善言谈，但明辨是非，礼贤下士。在二十多个兄弟当中，没有人能比得上他，可以立他为继承人。不知道丞相意下如何？"

李斯愤怒道："我李斯当初只是上蔡的一介布衣，有幸被先帝提拔，才官至丞相，被封为通侯。子孙也都官居高位，并与公主通婚，所以先帝才将国家的生死存亡托付给我。我怎么能辜负先帝的重托呢！忠臣不会逃避生死而选择苟且偷生，身为人臣就应该恪尽职守。你要是再满嘴跑火车，就给我马不停蹄地滚出去！"

赵高不依不饶："圣人不会墨守成规，只会适时而变，并且能够看到苗头而预知根本，看到动向而预知结果。万事万物都是如此，怎么会有一成不变的道理呢！如今，天下的重权就掌握在胡亥手中，而我知道他的志向。况且从外部制伏内部就是谋反，以下犯上就是叛逆，因此，秋霜降临，花草就会凋零。冰雪融化，万物就会复苏。这是必然的结果。你怎么就这么死脑筋呢？"

李斯坚持已见："昔日晋国更换太子，导致三代不得安宁；齐桓公兄弟争夺王位，导致哥哥被杀；商纣王残杀宗亲，不听劝谏，最终身死国灭。这三人都是因为违背天道才导致宗庙无人祭祀。我李斯如果还是个人，就不会那样做！"

赵高见李斯死心眼，便吓唬他说："上下齐心，方可长治久安。内外如一，就不会出现纰漏。如果您能听从我的建议，您就可以永享封侯的待遇，并且能够代代相传。如果您不听从我的建议，一定会祸及子孙。善于为人处世的人可以转祸为福，至于做何决定，您自己看着办吧！"

李斯仰天长叹一声，眼泪夺眶而出。他老泪纵横地说道："生逢乱世，既然没办法以死尽忠，我又该将我的生命托付给谁呢？"最终，他还是向赵高妥协了。

随后，胡亥、赵高、李斯三人聚在一起，召开了一个秘密紧急会议。会上，他们达成一致意见：伪造两份诏书，一份立胡亥为太子，另一份赐死长子扶苏与大将军蒙恬。

正当扶苏与蒙恬在军营商讨如何加强对匈奴的防御时，

突然一名使者带着一封"死亡诏书"来到军营。

使者向扶苏与蒙恬宣读诏书说："朕令长子扶苏与蒙恬率领数十万大军驻守边关，已经十年有余，两人不但没有做出任何成绩，反而还损失众多士兵。扶苏没有尺寸之功，却屡次上书诽谤朕的所作所为。没有立他为太子，他却日日埋怨朕。扶苏身为人子，不孝，现赐其自裁。大将军蒙恬与扶苏一起监军，不但不匡扶正义，明知扶苏图谋不轨还知情不报，身为人臣，不忠，同样赐其自裁。"

扶苏接到诏书后，如遇晴天霹雳。他双手颤巍巍地捧着诏书，哭成泪人。他虽然与老爸政见不合，但做梦也不会想到老爸竟然会下令命他自裁。哭过之后，他拔出宝剑就要自杀，却被蒙恬给拦住了。

蒙恬感觉诏书有鬼，于是劝说道："陛下巡游在外，并未册封太子，他命我统率三十万大军戍守边关，让公子监军，这是天下重任！如今来了一个使者，您就自杀，也太不拿自己的生命当回事儿了吧！再说了，我们怎么知道其中是不是有诈呢？我希望公子能够向陛下再请示一下，等弄清楚再死也不迟嘛！"

扶苏抹了把眼泪，回道："父亲赐死儿子，还有什么好请示的呢？况且你我统领三十万大军，足以谋反，老爸就是担心我们会造反，所以才将你我赐死。兄弟，早死早托生！我先走一步了。"说罢，扶苏拿起宝剑割断了喉咙。

蒙恬不愿自杀，别人也不敢杀，使者只好将其囚禁。

多年来，人们一直为扶苏之死感到惋惜，为大秦帝国感到惋惜，并认为扶苏不死，大秦帝国也不至于二世而亡。但事实是这样的吗？

扶苏素有贤名，并且颇具政治远见，就连后来陈胜、吴广起义的时候都要诈称公子扶苏，足见扶苏在当时是多么地受人爱戴。假如赵高不篡改遗诏，扶苏就会顺利继承皇位。扶苏继位后，首先会废除秦始皇时期的严刑峻法，推行仁政，使人民安居乐业，大秦帝国倒不至于二世而亡。

但现实是在赵高与李斯的精心运作下，胡亥继位已成既定事实，根本无法更改。即便扶苏不自杀，也绝对不可能名正言顺地继承皇位。唯一一种继承皇位的方式就是率领蒙恬统领的三十万大军造反。以扶苏的威望和实力，造反成功易如反掌，但从扶苏仁慈宽厚的性格来看，他会干出造反的事吗？恐怕不会！所以他注定无缘皇位。

假使扶苏不自杀，又无缘皇位，他的结局会如何呢？胡亥继位后，为担心兄弟们夺位，他不惜残杀了所有有可能会危及他皇位的兄弟。扶苏是胡亥皇位最大的威胁者，如果他没有自杀，也一定会被胡亥、赵高、李斯联手整死。对于扶苏而言，只是早死与晚死的区别，所以他根本无法左右大秦帝国的命运。

胡亥、赵高、李斯听说扶苏自杀的消息后，兴奋得手舞足蹈，因为他们压根儿就没有想到事情进展得竟然如此顺利。

随后，他们迅速赶回咸阳，为秦始皇发丧，并拥立胡亥即位。胡亥顺理成章地成为秦二世，而赵高也被升职加薪。

　　世上没有不透风的墙，无论胡亥、赵高、李斯做得如何隐秘，胡亥得位不正的消息还是在全国流传开来。

　　为巩固皇位，胡亥与赵高联合策划了一场政治大清洗。这也意味着一场血洗咸阳的大屠杀即将爆发。

血洗咸阳

当秦二世拥有了原本不属于他的至高无上的皇权的时候，他最害怕的莫过于会随时失去这种权力。

为巩固皇权，秦二世决定做点什么，但以他的智商来讲又不知道该做点什么。

于是，他召来没了小脑袋但大脑袋却异常发达的赵高，并对赵高说："我还很年轻，并且刚刚继位，根基不稳，大臣尚未顺服，百姓还不归附，我的兄弟们一定会趁机与我争夺权力，我该怎么办呢？"

秦二世的担忧，正中赵高的下怀，因为赵高此刻正迫不及待地想要搅浑水，然后浑水摸鱼。

这实在是一个排除异己、攫取权力的大好时机！

赵高回答说："陛下登基称帝，各位公子和大臣都有所怀疑，因此心生怨恨，心中不服。您想要永远立于不败之地，一方面要铲除异己，诛杀大臣和您的骨肉兄弟；另一方面要培植党羽，让贫者富有，让贱者高贵，这样他们就会对您感恩戴德。如此一来，陛下就可以高枕无忧了。"

于是，秦二世在国内打响了暴力诛杀反对派的第一枪，而诸公子和大臣们纷纷中枪。

最先中枪的是大将军蒙恬的弟弟蒙毅。

赵高为什么会率先将枪口对准蒙毅呢？是因为赵高想公报私仇。

多年前，赵高犯了事儿，而主审官正是蒙毅。蒙毅依法审判，将赵高除去官籍，判处死刑。但后来秦始皇念及赵高办事勤勉，所以赦免了他，并恢复了他的官职。在处理赵高犯罪一事上，尽管蒙毅从未有过半点不公，但赵高却从此记恨上了他，欲除之而后快。

但在秦始皇统治时期，蒙毅深受宠信。上朝时，蒙毅侍奉在秦始皇左右；出行时，蒙毅又总是与秦始皇同乘一辆车马。他哥哥蒙恬又统领三十万大军，威震匈奴。两兄弟的权势可谓如日中天，即便是将相都不敢与其争锋，赵高一个小小的中车府令就更加奈何不了他们了。

不过，做人宁可得罪君子，也不要得罪小人，因为得罪君子，怨浅；得罪小人，祸深；得罪赵高这种极品小人，只有死路一条。

当秦二世下定决心进行政治大清洗的那一刻，赵高首先想到的就是蒙毅。

赵高对秦二世进谗说："先帝早就想册封贤明的公子为太子了，但蒙毅屡屡从中作梗。他明知道您贤明却越不让立，这种行为既蛊惑了先帝，又对您不忠。这种人留着也是祸害，不如杀了算了！"

没脑子的秦二世被赵高的一番鬼话说得恼羞成怒，在不经调查的情况下，便将蒙毅打入死牢。

看着被打倒的蒙恬、蒙毅两兄弟，赵高脸上绽放出了笑容。为防止两兄弟再度掌权对他不利，他决定再踏上一万只脚，让他们永世不得翻身。

随后，赵高在秦二世面前日夜毁谤他们，同时还不断地收集他们的过错，找人弹劾他们。

子婴听说秦二世准备处死蒙恬、蒙毅，便冒着被杀头的危险劝谏秦二世说："昔日赵王迁冤杀良将李牧而任用颜聚，太子丹暗中派荆轲刺杀先帝而违背与秦国的盟约，齐王建残杀忠臣而任用后胜，这三位君主都是因为起用了改变旧制度的人而落得身死国灭的地步。蒙氏兄弟都是秦国重臣，陛下想要抛弃他们，但我私下认为这并不可取。我听说草率考虑问题的人不可以治理国家，自以为是的人不能保全国君。诛杀忠臣而任用没有节操品行的人，会使朝中大臣互相猜疑，使在外作战的将士离心离德。还望陛下三思！"

秦二世对此毫不理会，直接派御史到监狱里对蒙毅说："先帝要册立太子，而你却总是加以阻挠，丞相认为你对先帝对我都不忠诚。你的罪行已经牵连到了你的家族，我不忍心灭你全族，所以赐你一死。这对你来说已经够幸运了，你就偷着乐吧！接下来该怎么做，你自己看着办吧！"

蒙毅辩解说："我之所以备受先帝宠信，就是因为我能够顺从先帝的意愿办事，直到先帝驾崩。而陛下能够追随先帝周游天下，恩宠已经远远超过了其他公子，这是尽人皆知的，怎么能说我不知道陛下的贤能呢！先帝册立太子是经过长年累月的深思熟虑，我怎么敢进言劝谏呢？今日上书鸣冤，并非我蒙毅贪生怕死，只是怕辱没了先帝的名声。昔日秦穆公诛杀三位贤臣来为他殉葬并无端降罪于百里奚，秦昭王诛杀大将军白起，楚平王诛杀伍奢，吴王夫差诛杀伍子胥，这四位君王都犯下了不可宽恕的过错，并遭到天下人的非议。人们认为他们不是贤明之君，因此在列国中声名狼藉。所以说，用正道治理国家的人不滥杀无罪之人，不乱罚无辜之人。希望御史明察，让我死得问心无愧。"

御史知道秦二世的心思，不想听蒙毅过多解释，便强行处死了蒙毅。

蒙毅死后，秦二世又将屠刀对准了蒙恬。他派使者对蒙恬说："你的罪行原本就罄竹难书，但你弟弟蒙毅的事儿也牵连到你了！"

听说弟弟已被处死，这个一向流血不流泪的大将军的眼泪瞬间夺眶而出。沉默半晌，他对使者说："从我的祖父蒙骜算起，到我们兄弟这一代，建立功业，积累信义已达三代。如今我统领三十万大军，虽然已经成为阶下囚，但势力尚在，足以反叛。虽然我知道必死无疑，但仍旧坚守节义，就是因为不敢辱没先人的教诲，也不敢忘记先帝的恩宠。从前周成王刚刚继位，尚在襁褓之中，周公旦每天背着成王接受群臣的朝见，最终平定了天下。等到成王病情严重时，周公旦剪下自己的指甲并沉入黄河，还祈祷说：'国君年少无知，由我代为执政，若有过错，就让我一人承担吧！'随后，把祷词写下，收藏在记府中。这可以说是忠诚至极了！但等到成王可以治理国家的时候，有佞臣造谣说：'周公旦企图发动叛乱，已经蓄谋已久。大王若不戒备，一定会出现重大变故。'周成王大怒，要杀周公旦。周公旦惧怕，便逃到了楚国。后来，周成王到记府中看到当年周公旦写下的祷词，流着眼泪说：'谁说周公旦要作乱呢！'于是，周成王杀掉造谣的人，然后迎回了周公旦，所以《周书》上说'一定要反复地咨询审查'。"

　　使者听得有些动容，双目不敢直视蒙恬。

　　蒙恬继续说："我们蒙氏世世代代没有二心，却沦落到这种地步，必定是有祸国殃民的奸臣在作乱。周成王有过失而知道补救，终究使周朝昌盛。夏桀杀关龙逢、商纣王杀王子比干而不知道悔改，最终落得身死国亡的下场，因此，我说有过可以挽救，听人规劝可以察觉醒悟，多方反复地考察是圣明君主治理国家的法则。凡是我说的这些话，并非想免于责罚，而是想要劝谏而死，希望陛下可以为万民考虑，遵循正道。"

　　蒙恬原本想让使者将自己的这番话传达给秦二世，但使者却说："我奉命对将军执行命令，不敢把将军的话上报给陛下，还望将军见谅！"

　　蒙恬无奈，仰天长啸一声，便吞药自杀了。

　　蒙恬不过是政治斗争的牺牲品，然而到死他都没有搞明白自己是如何死的，所以临终前曾感叹道："想必我的罪过也是该死的啊！从临洮到辽东，我为修建长城挖壕沟达一万多里，在这期间，难道不会切断地脉吗？"

秦二世除掉蒙恬、蒙毅后，又开始诛杀兄弟姐妹。他以莫须有的罪名将六位公子处死在杜县之后，又将公子将闾三兄弟囚禁在宫中，让御史罗织他们的罪名。

不久，御史便对将闾说："身为人臣却没有一点人臣的样子，按法当斩！"

将闾反驳说："朝廷礼仪，我没有不听从司仪的；上朝站位，我从未越礼；与陛下对话，我也从未说过不敬之词，怎么就没有臣子的样子了？今天不弄明白我的罪行，我还就不死了！"

"实在不好意思，我只是奉诏办事！是你们三兄弟自己动手，还是由我来动手，你们选吧！"御史蛮横地说道。

将闾三兄弟见求生无望，便含恨自刎了。

自此，有十位公子被斩首，十二位公主被肢解。一时间，震惊天下。

公子高见兄弟姐妹们惨遭屠戮，内心惶恐不安。原本想出逃，但转念一想，自己潜逃很可能会给家族带来灭顶之灾，于是洗白了脖子，对秦二世上书道："先帝在世的时候，我进宫可以享受美食，出宫可以享用车马。先帝宠我，还经常赐给我内府里的衣服和马棚里的宝马。先帝驾崩时，我原本应该给先帝陪葬，但我却苟活至今。身为人子，不孝；身为人臣，不忠。不忠不孝，我又有何脸面活在世上呢！恳请陛下怜悯我，准许我追随先帝而去。"

秦二世看到公子高的上书后，乐不可支地对赵高说："这大概就是所谓的'走投无路'吧！"

赵高奉承道："王公大臣整天担心死亡还来不及，谁还顾得上造反呢！"

秦二世答应了公子高的请求，并赐给他十万钱的安葬费，将其安葬在骊山脚下。

自此，秦二世扫清了来自其兄弟以及大臣所有可能会危及他皇位的内部因素。

他自认为江山已经稳固，可以纵情享乐了。

为了供自己享乐，他没完没了地征调劳役修建宫殿、戍守边关，同时还大加赋税，奴役百姓。一时间，搞得民怨沸腾。

俗话说，哪里有压迫，哪里就有反抗。沉浸于声色犬马之中的秦二世并没有意识到，一股强大的外部洪流正在不断地冲击他的皇位，使其看似稳固的江山变得摇摇欲坠。

第二章

杀郡守，项羽初露锋芒

大泽乡起义

秦二世元年（公元前209年）七月，蕲县大泽乡（今安徽宿州西南）发生了中国历史上第一次大规模的农民起义，而起义领袖正是毫不起眼的农民工陈胜和吴广。

陈胜，字涉，阳城（今河南方城）人，以给地主家种地为生。别看陈胜只是个农民工，他却志向远大。

有一次，在田间劳作的他对同事们说："如果将来有一天谁富贵了，可别忘了大家哟！"

"你一个给地主种地的农民工，哪来的富贵呢！"同事们揶揄道。

"唉，你们这些小麻雀怎么会知道鸿鹄的志向呢？"陈胜恨铁不成钢地回道。

"你连一亩三分地都没有，难不成将来还要攻城略地，成为富家翁？"同事们讥讽道。

当你拥有一个远大理想的时候，总有一群人会当面嘲笑你，并试图让你认清他们所理解的现实，并告诉你不要不切实际，要像他们一样一辈子安分守己地做个平头百姓。但陈胜却坚持认为，理想是一定要有的，万一实现了呢？

念念不忘，必有回响。很快，他等来了这一天。确切地说，他是被现实逼迫而迎来了这一天。

朝廷征发九百位贫民去戍守渔阳(今北京市密云区)，很不幸却又很幸运，陈胜和阳夏(今河南太康)人吴广就在被征发之列。由于陈胜、吴广在众人中比较有威望，所以被任命为小队长。

陈胜、吴广与两名县尉押着九百戍卒从今天的河南出发，途经安徽，直奔北京。

如果不出任何意外，他们会按期到达北京，然后安分守己地做一名戍卒，直至老死，或者与匈奴作战而死。

然而，一场持续数日的大雨打乱了一切，并将他们困在了大泽乡(今安徽省宿州市)。

陈胜穿着湿漉漉的粗布麻衣躲在山洞中避雨。他仰望天空，看着豆大的雨滴密密麻麻地从天空坠落，然后狠狠地砸在他的心头。

秦法规定，戍卒如果不能按期到达目的地，就会被斩首。

如今天降大雨，道路不通，根本无法前行。陈胜掐指一算，等他们到达渔阳时，恐怕早已误了期限。到那时，他们都会人头落地。想到此处，陈胜摩挲了一下脖子，感觉有些生疼。

沉思良久，陈胜狠狠地吐出一句："老子还没富贵，不能就这么窝囊地死了！"

随后，陈胜找来吴广，并对吴广说："照这样赶路，我们恐怕是无法按期到达渔阳了！到那时，我们就会被集体斩首！"陈胜想投石问路，试探一下吴广的想法，于是便问道："我们现在该怎么办呢？"

当吴广联想到九百颗人头被齐齐砍下时的惊悚画面时，他不禁打了个寒战。待回过神来，他回答说："大哥，你说咋办小弟就咋办！"

陈胜看着这个一脸真诚的汉子，推心置腹地回道："逃跑是死，跟他们干也是死。与其窝囊地被杀，还不如轰轰烈烈地干他一票！"

"一切都听大哥的！"吴广一脸坚定。

能够得到吴广的支持，陈胜倍感欣慰，但如果干不好，就会掉脑袋。

仅凭九百戍卒能打败秦朝的百万大军吗？显然不能！只有动员人民群众一起来干革命才有胜算。

想要群众将脑袋别在裤腰带上跟你心甘情愿地干革命，就必须找到一个或者多个具有号召力的人做领袖。

他陈胜没有这么大的号召力，吴广就更不用说了！

但事情还要干，这个人也要找，但怎么找呢？在全国找！

放眼天下，谁最适合当这个领袖呢？唯有公子扶苏和楚将项燕。

但现实情况是，扶苏已于一年前被赐死，而项燕也早在十四年前兵败自杀。两个死人又如何能够带领大家一起干革命呢？

没关系，他们虽然人已经死了，但依然"活着"，至少是被认为依然活着。

陈胜对吴广说："百姓已经苦于秦朝的统治太久了。我听说秦二世是始皇帝的小儿子，不应该由他继位，应当由长子扶苏继位。扶苏因为与始皇帝政见不合而被贬谪在外。他很贤能，却被秦二世杀害。很多人认为他并没有死。楚国大将军项燕，体恤士兵，屡立战功，深受楚人的拥戴。有的人认为他已经死了，有的人认为他躲了起来。如果我们假借公子扶苏和项燕的名义号召天下人一起来干革命，一定会有很多人响应！"

吴广对此深表赞同。

古人向来迷信，在干大事前喜欢占卜吉凶，陈胜、吴广也不例外。

算命先生都是心理学大师，善于揣摩客户的心理。他猜出了陈胜、吴广的意图，因此对他们说："你们的事一定能成功！但你们为什么不向鬼神再求一卦呢？"

陈胜、吴广眼前一亮，他们明白算命先生的言外之意是让他们用装神弄鬼的方式包装自己，借此来树立威信。

陈胜、吴广这些小虾米之所以能够翻江倒海，还是蛮有一套的。当天下午，他们便用朱丹在一条白绸带上写下"陈胜王"三个字，然后塞进渔民售卖的鱼腹中。

晚饭时，戍卒从渔民那里买来鱼，剖开鱼腹并准备做水煮鱼的时候，猛然发现鱼腹中竟有一条白绸带。打开一看，他们顿时傻了眼，上面赫然写着"陈胜王"三个字。这一怪事不胫而走，在九百戍卒中迅速传开，人们开始对陈胜刮目相看。

陈胜认为"鱼腹藏书"还不够，于是又派吴广趁着夜深人静悄悄地埋伏到驻地附近的破庙中，并在破庙中燃起篝火，还模仿狐狸的叫声，大叫道："大楚兴，陈胜王！大楚兴，陈胜王……"

吴广模仿得惟妙惟肖，其逼真程度足以横扫现代的各大模仿秀节目。听到怪叫的戍卒们惊恐不已，他们对陈胜开始敬畏起来，并认为陈胜绝非凡人。

自我包装的效果已经远远地超出了他们的期望。如今万事俱备，只欠杀掉两名县尉了。

这时，吴广向陈胜毛遂自荐，说他有办法除掉两名县尉。

吴广一向善待戍卒，深受戍卒们的爱戴。有一次，县尉喝醉了酒，吴广故意扬言想要逃跑，并借此激怒县尉，想让县尉当众羞辱自己，这样就可以激怒众人。县尉果然上当，拿起鞭子猛抽吴广，但他感觉还不解气，于是又拔出佩剑想要斩杀吴广。吴广奋起，一把夺过佩剑，一剑捅死了县尉。

陈胜眼疾手快，还没等另一位县尉反应过来，就趁机从背后一剑捅死了他。

随后，两人召集九百戍卒，并发表了一场轰轰烈烈的反秦演讲："我们在此遭遇大雨，无法按期到达渔阳，误期就会被砍头。即便不被砍头，因戍边而死的也会有十之六七。大丈夫不死就算了，既然死就要死得轰轰烈烈！王侯将相难道有天生的贵种吗?"

众人异口同声地回答说:"我们愿意听从您的差遣!"

为了顺应民意,他们假冒扶苏和项燕,号召群众加入反秦队伍。此外,他们还袒露右臂作为标志,并号称"大楚"。

事实上,细想之下,你会发现陈胜、吴广诈称扶苏和项燕一同进行革命的行为是一个小小的败笔。

为啥这么说呢?

你想啊,扶苏与项燕分别属于大秦帝国和楚国两个不可调和的敌对势力,他们又怎么可能会联合起来发动革命呢?再者说,由扶苏发起的革命,又岂会允许他们号称"大楚"?

革命细节虽然有些瑕疵,但这对于当时迫切需要得到解放的六国遗族和穷苦大众而言却无伤大雅。

干大事都需要举行庄严的祭天仪式,于是陈胜、吴广筑起高台,并用县尉的头颅作为祭品。

其间,陈胜自立为将军,吴广为都尉。

陈胜、吴广看着九百个视死如归的戍卒,不禁热血沸腾起来。他们坚信,在不久的将来,将会有九千、九万,甚至更多的人加入他们的革命队伍中……届时,他们将拥有千军万马。

期盼已久的富贵,就在眼前!

只要他们一声令下,他们的士兵就会冲进县衙,为他们攻城略地!

事实上,革命进行得比陈胜、吴广想得还要顺利很多。

他们在攻克大泽乡之后，又接连攻克了蕲县（今安徽宿州）、铚县（今安徽濉溪县）、酂县（今河南永城西）、苦县（今河南鹿邑县）、柘县（今河南柘城县）、谯县（今安徽亳州谯城区）、陈县（今河南淮阳）共计七个县。

仅仅用了一个多月的时间，陈胜、吴广便攻克了七个县，并拥有步兵数万人，骑兵一千多人，兵车六七百辆，其势力已俨然如同一个小小的诸侯国。

人的野心总会伴随着地位的上升而膨胀。革命前，陈胜不过只是为了活命，但伴随着革命队伍的壮大，他又有了新的目标：称王。

陈胜称王

在攻下陈县后，陈胜召集当地的三老(掌教化的乡官)、豪杰前来共商大计。

三老、豪杰纷纷劝陈胜说："将军身披战甲，手执武器，率领将士讨伐残暴无道的秦国，并重新建立起楚国的政权，使灭亡的国家得以恢复，使断绝的子嗣得以延续，论功理应称王！更何况将军还要督察并统率天下的各路将领，不称王恐怕难以震慑天下，希望将军为了革命事业着想，尽快称王！"

正当众人纷纷劝说陈胜称王的时候，人群中突然出现了两个不和谐的声音，分别来自张耳和陈馀。

张耳、陈馀都是魏国名士，他们曾经声震魏国，名扬天下。秦始皇灭掉魏国时曾花费千金捉拿他们，就连未来的大汉天子刘邦也曾给张耳当过小弟。

张耳年轻时曾是"战国四公子"之一的信陵君魏无忌的门客，后来因为犯法逃往外黄。

外黄有一位富家女，长相属于那种让人看了就想犯罪的类型。富家女是女强人，嫌弃自己的丈夫是个窝囊废，所以平时就像对待奴隶一样对待丈夫。后来，实在过不下去了，富家女就逃到了父亲门客的家里。

门客知道富家女看不上一般的男人，就对富家女说："如果你真想找一个好老公，我建议你嫁给张耳！"

富家女听从门客的建议，把丈夫给休了，然后嫁给了张耳。

在当时，女子改嫁都是寻常事，张耳自然也没有嫌弃富家女是二手货。迎娶富家女后，张耳还如获至宝。

富家女十分给力，张耳身无分文，她毫不吝惜，将万贯家财拿出来资助他。张耳得到资助后，招揽了大批门客。后来，他还顺利地当上了外黄县令。

陈馀爱好儒术，并且曾多次到赵国的苦陉游玩。

苦陉的富人公乘氏善于识人，认定陈馀并非等闲之辈，不惜倒贴彩礼，将女儿嫁给了陈馀。

尽管张耳与陈馀的年龄相差悬殊，但两人志趣相投，成了刎颈之交，而陈馀也总像侍奉父亲一样侍奉张耳。

秦始皇灭掉魏国后，张耳、陈馀为躲避追捕，改名换姓躲在陈县，并在里巷当保安。

有一次，陈馀犯了小错，里长就用皮鞭狠狠地抽他。陈馀的火暴脾气立刻上来了，想要反抗，张耳连忙踩他一脚，并给他使了个眼色，制止了他。里长走后，张耳责备陈馀说："当初我是怎么告诫你的？如今受到一丁点的侮辱你就要和里长玩命，值得吗？"听罢，陈馀羞愧地低下了头。

在当保安期间，中央政府曾下达通缉令到全国各县，要求通缉张耳、陈馀。通缉令下达各县后，当由各县的保安向民众宣读。然而当通缉令到达陈县时，让人万万没有想到的是，逃犯张耳、陈馀不但没有逃之夭夭，反而照本宣科地向民众宣读了逮捕他们的通缉令。

当陈胜、吴广打到陈县时，张耳、陈馀立刻去拜见他们。陈胜久闻张耳、陈馀大名，所以以贵宾之礼接待了他们。

当众人怂恿陈胜称王时，张耳、陈馀跳了出来，并反对说："秦国无道，灭人国家，毁人宗庙，断人香火，劫掠百姓，致使民不聊生。将军您不顾生死，为天下人除暴，其心可嘉。然而，如今刚刚打到陈县，您就自立为王，无疑是在向天下人显露您的自私。希望将军不要着急称王，眼下应当尽快率军西进，派人拥立六国后裔，为自己多树党羽，给秦国多树强敌。敌对势力越多，秦国的兵力就会越分散。我们的党羽越多，兵力就会越强大。如此一来，我们既不用在辽阔的原野上与秦军互相厮杀，又不用攻城略地，就能占据咸阳向六国诸侯发号施令。六国灭亡后得以复立，必定对将军感恩戴德，到那时帝业可成。如今将军在陈地称王，只怕天下的诸侯都不会追随将军！"

张耳、陈馀的建议可谓上上策，然而一心想要富贵的陈胜，好不容易等到这一天，哪里听得进反对意见！最终，他还是毅然决然地选择了称王，并定都陈县，国号"张楚"，意思是张大楚国。

与此同时，陈胜还封吴广为假王。所谓"假王"，就是非正式受命的王。假王的权力与王的地位、权力相同，只是没有继承权而已。

陈胜称王不久，还出现了一个小插曲：被他派往攻打九江的大将军葛婴在途中遇到了楚王后裔襄强，未经禀报就自作主张拥立襄强为楚王。

葛婴听说陈胜在陈县称王后，便杀掉襄强，返回陈县向陈胜请罪。

陈胜一听，这还得了，要是人人都学葛婴，天下遍地是王，自己这个王的含金量岂不是要大打折扣？于是，他二话不说，杀了葛婴。

此刻，坐在王座上享受着群臣朝拜的陈胜，终于心满意足地笑了。看着摇摇欲坠的大秦帝国，他不禁喃喃道："秦二世，我们咸阳见！"

引狼入室

正当革命的烈火在全国熊熊燃烧的时候，会稽郡的郡守殷通召来项梁，并对他说："如今，长江以西已经全部造反，看来是上天要灭亡大秦了。我听说，先发者制人，后发者受制于人。我打算起兵响应陈王，想任命你和桓楚为将，不知道你意下如何？"

桓楚，职业反秦人士，素有贤名，由于受到政府通缉，多年来一直躲在大泽之中，没有人知道他的确切藏身之处。

项梁听说殷通想要起兵造反，心中大喜，旋即回答说："我的侄儿项羽知道桓楚的下落。我可以将他召来，让他当面告诉您。"

项梁将项羽叫到郡守府外，与项羽一阵窃窃私语，然后命项羽持剑在门外等候。不久，项梁从郡守府出来，又将项羽带进郡守府。

殷通与项梁叔侄二人聊有片刻，项梁突然朝项羽大呼道："可以动手了！"

项羽迅速拔剑冲向殷通，以迅雷不及掩耳之势砍下殷通的头颅，殷通还没有反应过来，却已人头落地。

郡守府顿时大乱。

士兵见郡守被杀，纷纷冲向项梁和项羽，想要捉拿二人。项羽手执利剑，一阵狂砍，斩杀了近百人，府中士兵人人畏惧，害怕被杀，纷纷趴在地上，一动不动。

项梁拿起殷通的头颅，佩戴上殷通的印绶，然后召集当地的官吏在会稽郡的治所吴县商讨反秦大计。随后，项梁还在会稽郡进行了一场政治大换血，重新任命了各级官吏。

事后，项梁开始在会稽郡招募士兵，一共得到江东子弟八千余人。叔侄二人准备凭借这八千余人，渡过江东，杀向咸阳。

神乎其神的赤帝子

就在项梁、项羽诛杀会稽郡守并起兵反秦的同时，逃亡在外的原泗水亭长刘邦也打算诛杀沛县县令并起兵反秦。

关于刘邦，自他出生的那一刻起，便拥有众多神乎其神的传说。

据说，刘邦出生时产房内光芒四射。当刘太公抱起他时，发现他面如蛟龙，胸如斗状，背如龟甲，左腿上竟然还长有七十二颗黑痣。

刘太公先是大吃一惊，随后回忆起十个月前那个不堪入目的场景。

当时，天昏地暗，雷电交加。他去田间找老婆时，却看到一条蛟龙正趴在他老婆身上对她行周公之礼。

刘老汉当时就吓蒙了。待他缓过神来，蛟龙早已"提上裤子走人"。

他一个箭步冲到老婆身边，发现老婆躺在地上"昏迷不醒"。正当他打算唤醒老婆时，老婆却睡眼惺忪地醒来。

"你——没事吧？"刘老汉试探性地问道。

"没——没事，就是干活累了，然后躺在河边睡了一觉！"老婆回忆起刚才做了场春梦，不禁涨红了脸。

刘老汉见老婆满脸绯红，以为她身体不适，便一再追问她原因。

老婆经不住再三追问，只好如实交代："我刚才梦到一位面容像蛟龙，身体像朱雀并且密密麻麻地长着很多黑痣的天神。他说他是赤帝，要跟我那个，我没把持住自己，就——"

回忆起"赤帝"二字，刘老汉突然对躺在产床上的老婆兴奋地大叫道："没错，你十个月前梦到的正是赤帝！我曾听说，上古有五方天帝，东方为青帝，属木德，崇尚青色；西方为白帝，属金德，崇尚白色；南方为赤帝，属火德，崇尚赤色；北方为黑帝，属水德，崇尚黑色；中央为黄帝，属土德，崇尚黄色。一年有三百六十天（上古时期一年按360天算），五帝分管七十二天。你说你曾梦见与赤帝交合，咱儿子这七十二颗黑痣正应火德七十二日之兆。他必是赤帝子转世！咱们老刘家将来恐怕要出帝王级的大人物啦！"从此以后，刘太公便认定儿子将来必能定国安邦。

尽管刘太公一心望子成龙，但成年后的刘邦却怎么看怎么像是一条虫。先不说在他身上完全看不出有成为帝王的硬件，就连经营田产的软件都不具备。他整天不务正业，一门心思地泡酒吧，玩女人。

刘太公极其痛恨这种啃老族。有一次，他责备刘邦说："你看你二哥多会经营田产，你再看看你，整天一副小瘪三的样子！"

刘邦却若无其事地拨开浓密的腿毛，抚摸着腿上的七十二颗痣，替自己辩解道："我二哥是经营田地的主，而我则是经营天下的主！"

"就你这副德行还想成为人主？也不撒泡尿照照！"刘太公真后悔当初在他刚出生的时候没有掐死他。

刘邦一溜烟跑向了酒吧，留下刘太公一人在身后咬牙切齿地骂娘。

刘邦来到王老太和武老太合开的酒吧，叫了一壶烈酒，点了两个小菜，津津有味地吃起来。不一会儿，他便喝醉了，然后躺在酒吧的地上呼呼大睡起来。

突然，一道红光乍现，刺得王老太眼睛生疼。当王老太定眼看去时，发现一条巨龙在空中盘旋。王老太还以为自己老眼昏花了，于是揉了揉眼，再看时，依然如此。王老太惊恐万状地指着巨龙对武老太说："龙！快看，刘季的头顶上方有一条巨龙！"

武老太顺着王老太手指的方向看去，果然看到一条金光闪闪的巨龙。武老太被吓得假牙直打战，哆哆嗦嗦地说："我的亲娘啊，这刘季难不成是神龙转世？"

此后，王老太与武老太对刘邦变得更加亲近，并且经常邀请刘邦到她们酒吧喝酒。

说来也奇怪，每次刘邦去喝酒，她们酒吧的营业额都会比平常多出几倍，因此，每到年末结算的时候，王老太与武老太总会免去刘邦赊欠的酒钱。

刘太公一直认定儿子是赤帝子转世，将来必定能成为帝王级的大人物，但让他万万没有想到的是刘邦三十多岁时才混上个泗水亭长，负责管理十里以内的治安，相当于现在的乡派出所所长。他对刘邦似乎绝望了，但他绝对不会想到，刘邦在不久的将来还会让他更绝望！

古人云，不孝有三，无后为大。刘邦三四十岁时还没有娶妻生子，所以他的当务之急是趁着年轻找个女人尽孝。

最先陪刘邦尽孝的是他的姘头曹氏。曹氏是个寡妇，遇到刘邦这种擅长撩妹的主，很快沦陷，并为他生下一子，取名为刘肥。

或许在刘邦眼中，曹氏不过是他解决生理需求时的一个女人，而刘肥不过是他们擦枪走火的产物，因此，刘邦自始至终都没有给曹氏任何名分。

也或许是因为感觉亏欠曹氏，所以刘邦在称帝后，将刘肥封在疆域最为辽阔的齐地为王，还下令说，凡是会说齐国话的人统统归齐王管。

第二位陪刘邦尽孝的女人就是后来大名鼎鼎的吕后吕雉，一个令大汉帝国不寒而栗的女人。

吕雉是单父县人。她爸吕公与沛县县令交情不错，为躲避仇家追杀，吕公便带着全家人搬到了沛县。

沛县的官吏、豪杰听说县令有贵客远道而来，都有意结交，便纷纷带着贺礼前去拜访。

当时，萧何是县里的一名小官吏，被县令派去帮吕公收礼。他对送礼的宾客们说："各位都注意了，贺礼满一千钱的请到堂上就座，不满一千钱的请到堂下就座！"

"刘季贺钱一万！"正当萧何忙着收礼的时候，却突然从门外传来一个洪亮的声音。萧何循声望去，看到刘邦两手空空地从门外大摇大摆地走来。

作为泗水亭长，刘邦一年的工资还不到一万钱，并且所有的工资基本上都花在了酒吧和女人身上，他作为一个月光族，连喝酒都得赊账，又岂会有闲钱去送礼？

吕公听说有人带了一万钱，颇为吃惊，连忙出门迎接。吕公向来擅长相面，一见到刘邦，就发现他高额头，高鼻梁，面容酷似蛟龙，胡须酷似龙须，顿时被惊得目瞪口呆。

所谓"相面"，其实就是通过观察人的面相来判断人一生的贵贱吉凶，最早起源于氏族社会，完善于春秋战国时期。古人认为，人打出生的那一刻起命运就已经注定，而"头为诸阳之尊，面为五行之宗，列百脉之灵居，通五脏之神路"，因此可以通过面相来测定一生的命势。凡是面相奇特之人皆非凡人，如黄帝的面容酷似蛟龙，颛顼的额头宽如盾牌，唐尧的眉毛有八种颜色，虞舜的眼睛有两个瞳仁（即重瞳子），大禹的耳朵有三个窟窿，周武王不抬头就能看到天空，孔子出生时头顶中间是凹陷的……这类面相在现在看来都属于生理缺陷，但在古人看来却是天生异相。相面术虽然现在已经被证明是伪科学，但古人甚至部分现代人依然对此深信不疑。

吕公盯着长相奇异的刘邦看傻了眼，萧何用胳膊肘戳了戳吕公，吕公这才发现自己失态了，连忙引刘邦到堂上就座。

脸皮厚得可以做防弹衣的刘邦也不客气，直接到堂上坐了下来。其间，他还趁机将在场的其他宾客都奚落一番。

萧何见刘邦在吕公家冒充万元户，便提醒吕公说："刘季这家伙吹牛皮从来不问牛同意不同意！他的话很少能够兑现！"

吕公笑而不语。

席间，吕公向刘邦递眼色，示意他等酒宴结束后留下。

刘邦心里"咯噔"一下，心想，我也就是吹了个牛皮，这老家伙该不是真想跟我要一万钱吧？

人生最尴尬的事莫过于拍马屁错拍了马蹄，吹牛皮却被牛惦记。

刘邦打算趁吕公不备在酒宴尚未结束之前悄悄溜走，哪知却被吕公死死盯住，一刻也无法脱身。

客人一走，吕公径直跑到刘邦面前，紧紧地握住刘邦的手，激动地说："我年轻的时候就喜欢给人相面，虽然相人无数，但从来没见过比你面相还好的人。我有一个女儿，名叫吕雉，我想把她嫁给你，希望你不要嫌弃。"

知道不是要钱，刘邦这才安心。此时，他已年过四十，而吕雉尚且不满二十岁。一个老男人听说有人愿意将如花似玉的千金嫁给他，甭提有多开心了。所以，他当即便答应了这门亲事。

吕老太太听说吕公将长女许配给了一个不务正业的老流氓，差点气得背过去。她找吕公理论道："你曾给女儿相面，说她有大富大贵之相，并准备将她许配给贵人。如今你拒绝了县令的求婚，却将女儿嫁给一个泼皮无赖，你是不是老糊涂了？"

"你们这些老娘们懂什么！"吕公笑容满面地捋了捋胡子，然后又意味深长地补充道，"在这个世界上恐怕再也找不到比刘季更富贵的人了！"

很快，吕公便给刘邦和吕雉举行了一场盛大的婚礼。

婚后，吕雉的肚子还挺争气，为刘邦生下一儿一女。

有一天，吕雉带着两个孩子在田间除草，有一位白眉皓首的老大爷从旁边路过，向她借水喝。当时，吕雉还是一位心地善良的少妇，不但给了老大爷一些水，还给了他一些食物。

老大爷有相面的职业病，见人就想相面。他半阖双目，凝视吕雉良久，随后他紧闭双眼，又突然睁开，然后惊呼道："夫人乃天下贵人哪！"

吕雉喜出望外，连忙拉着儿子刘盈，让老大爷给他相面。老大爷惊叹道："夫人之所以显贵，就是因为您的这个儿子！"

吕雉又拉着女儿让老大爷相面，老大爷说："您的女儿将来也是个大富大贵之人！"

老大爷前脚刚走，刘邦后脚便来到田里。吕雉将老大爷给他们相面的事告诉了刘邦。刘邦连忙去追老大爷，也想让老大爷帮自己看看。

老大爷目不转睛地盯着刘邦端看了半天，突然瞳孔放大，呼吸加重，随后一屁股跌坐在了地上，差点把刘邦吓尿。刘邦第一反应，这是个碰瓷的！

待老大爷喘过气来，大惊失色道："您的夫人与孩子都像您，您的面相贵不可言哪！"其言外之意是说，刘邦具有帝王之相。

刘邦听罢，兴奋不已，连忙搀扶起老大爷，并向老大爷表示："如果日后果真如您老人家所言，我一定不会忘记您的恩德！"

后来，刘邦果然富贵，曾想过要报答老大爷，但四处寻找，却一直都没有找到。此为后话。

倘若刘邦的一生没有出现任何变故，他将会安安稳稳地做个泗水亭长，管理只有十里大的地方，与狐朋狗友喝酒，玩女人，直到老死。那么，未来的大汉帝国将会从中国五千年的历史中被抹去。但很快，一场突如其来的变故让刘邦措手不及。

刘邦奉朝廷之命押送徭役到骊山为秦始皇修建陵墓，但在押送的途中，大部分徭役纷纷潜逃。等到达骊山，恐怕跑得只剩下刘邦一个光杆司令了。不能按照朝廷规定将徭役悉数押往骊山，就意味着失职。那么，刘邦将会受到怎样的处罚呢？

当秦朝还是秦国的时候，位于西陲偏僻之地，在很长的一段时间内被山东六国视作蛮夷，当时的法律还特别落后。自商鞅变法之后，法家思想开始主导着这片土地。法家主张轻罪重罚，以刑止刑，因此，秦国历代统治者都以严刑峻法管制人民。不过，也正是这些严刑峻法才使得秦国逐渐走向强大的。秦始皇灭掉六国之后，为震慑天下，可谓将严刑峻法推向极端。在浩如烟海的法律条文中，有一条明确规定，在押送徭役期间，"失期，法皆斩"。

迟到就会被斩首，失职呢？很可能会被活埋、车裂、体解、腰斩、弃市、戮、剖腹、绞、抽肋、镬烹（烹杀）、定杀（投入水中活活淹死）、磔（把肉与骨分裂，再斩断肢体，然后割断咽喉）、囊扑（把人装入麻袋打死）、凿颠（用铁器凿头）等。

刘邦作为一名乡派出所所长，对秦法可谓如数家珍，一想到自己到达骊山后极有可能会被花样处死，他就一阵肉疼。

当走到丰县的沼泽地带时，刘邦决定不走了，因为再走，他的小命就走丢了。

失职是死，逃跑或许还有一线生机。

干脆，一不做二不休，逃！

在逃跑前，刘邦挤了挤欲哭无泪却又透露着丝丝精明的铜铃眼，对徭役们满怀深情地说："我负责押送你们到骊山修建皇陵，但你们到达骊山后，肯定是九死一生。你们都是我的老乡，我要是真那么做了，还算是人吗？所以，我决定放你们走！"

刘邦的善举把徭役们感动得涕泪交加。徭役们抹了把眼泪，问刘邦说："你放了我们，你如何向朝廷交差呢？"

"我就带你们这几个人去交差，恐怕我这条小命也被交待了！等你们走后，我从此也要远走高飞了！"刘邦想到自己堂堂一个抓捕逃犯的亭长马上就要变成逃犯了，不禁感慨万千，一滴浊泪从他的眼角缓缓滑落。

当晚，众人聚在一起，大碗喝酒，大口吃肉，痛痛快快地吃了一顿散伙饭。

临别时，有十几号被刘邦的人格魅力所折服的人表示愿意追随刘邦一起逃亡。

在逃亡的途中，有个探路的人慌慌张张地回来说："前面有一条白色大蟒蛇挡住了去路，我们还是绕道吧！"

当时刘邦已经喝醉，便撒酒疯说："大丈夫遇佛杀佛，遇魔杀魔，岂能怕一条蟒蛇！"言罢，他拔出随身携带的三尺长剑，孤身前行。没走多远，果真看到一条巨大的蟒蛇昂首立于道路中间。刘邦拔出长剑想要斩杀蟒蛇，岂料蟒蛇突然开口说话。

"如果你斩我的头，我就篡你的头；如果你斩我的尾，我就篡你的尾！"

"少给我扯犊子！"刘邦拎起长剑冲了上去，一剑将蟒蛇从中间斩为两段。

据说，刘邦斩杀的蟒蛇后来投胎转世成王莽，因为"蟒"与"莽"同音。王莽篡汉建立新朝，正好将建国将近四百年的大汉帝国从中间一分为二，也是为了报复当年刘邦将它从中间斩杀之仇。新朝建立十五年后，王莽被杀，刘秀称帝，汉家王朝又得以延续了二百余年。

话说，刘邦斩杀了拦路白蟒后继续前行，但没走几里路，他就醉倒了。

走在后面的人却在刘邦斩蛇的地方听到一位老大娘在号啕大哭。众人好奇，便问老大娘说："老大娘，您哭啥哭哇？"

老大娘老泪纵横地回答说："我的儿子是白帝之子，变成一条大蟒蛇挡在道路中间，刚才被赤帝之子给杀死了，我能不伤心嘛！"

一个满脸横肉的大汉认为老大娘是在胡说八道，便想要殴打老大娘。然而，他刚挥起拳头，却发现老大娘突然消失了。众人惊愕不已。

当众人追上刘邦的时候，刘邦才昏昏沉沉地醒来。众人向他绘声绘色地讲述了老大娘的事，他兴奋不已，从此更以赤帝子自居了。

没过多久，秦始皇认为东南方有天子气，因此便到东南方巡视，想要弹压一下那里的天子气。

自恋到无以复加的刘邦认为这事八成与他有关，于是便逃到芒砀山（今河南省永城市芒山镇）躲了起来。

芒砀山险峻挺拔，宛如鹤立，山路曲折陡峭，又如蛟龙腾跃，到处都是岩石洞穴。躲在这里，装上追踪器恐怕都很难找到。然而，无论刘邦躲到哪里，却总能被吕雉轻易找到。

刘邦一脸惊讶地问吕雉："孩儿他娘，你是咋找到我的？"

"孩儿他爹，你还不知道吧？只有我才可以找到你！"吕雉解释说，"因为你所在地方的上空总会有云气凝结，也只有我才可以看到。我只要朝着有云气的地方去找，总能找到你！"

到目前为止，我们已经看到很多关于刘邦是赤帝子的传说，事实上这些不过是在注重血统的年代，出身卑贱的刘邦想通过制造君权神授的假象来证明自己争夺天下的合法性。

作为一名有追求的逃犯，刘邦并不想一辈子都蛰伏在荒山之中，过着茹毛饮血的生活。他唯一想做的就是回到沛县，但他不知道何时才能回到沛县。直到有一天，他听到陈胜、吴广起义的消息时，乐不可支地笑出声来。

杀回沛县

诸郡县民众纷纷诛杀其长吏而响应陈胜，这让沛县县令坐卧不安。因为天下大势，浩浩荡荡，顺之者昌，逆之者亡，而革命在当下俨然已成为一种时尚，不干革命，就会被革命。

思来想去，沛县县令咬咬牙，抢在别人革他的命之前，决定先革中央政府的命。

主吏掾萧何、狱掾曹参就对县令说："您原本是秦朝官吏，您也知道，秦法严苛，这些年来，您在沛县没少杀人父母，罪人子女，如今想要背叛秦朝，让沛县子弟心甘情愿地听您调遣，恐怕没那么容易！"

很显然，县令并没有意识到这一点，一时间，有些不知所措。

萧何、曹参旋即建议说："如果您能将像刘邦这样有分量的流亡人士召回来，就能得到数百人的帮忙。通过这数百人挟持沛县民众，民众就没有人敢不听从您的号令！"

县令一向忌讳刘邦，虽然不情不愿，但也别无他法，只好硬着头皮派樊哙前去召回刘邦等人。

当刘邦袖着手站在芒砀山的小土丘上远远看到樊哙大步流星地赶来时，内心激动不已，因为他知道他的出头之日终于到来了。

当天，刘邦带着手下的近百名兄弟浩浩荡荡地返回沛县。

县令站在城楼上，看着远远向他走来的刘邦等人，两眼眯成一条线。他万万没有想到，刘邦身边居然聚集了上百人。刘邦这种刺头原本就很难管束，再加上他手下统领近百人，恐怕更加难以管束。万一他们有二心，反过来革自己的命，他岂不是搬起石头砸了自己的脚！唯恐有变，县令当即下令关闭城门，并严禁刘邦等人入城。

召刘邦等人入城是萧何、曹参的"馊主意"，县令怀疑自己被二人下了套，迅即下令捕杀二人。二人平时人缘比较好，士兵尚未去拿人，二人就事先得到消息，翻墙逃出城外。

萧何、曹参见到刘邦后，将城内的形势向他描述了一遍。

面对重兵把守的沛县，众人没了主意。

樊哙义愤填膺地骂道："县令出尔反尔，太不是东西了！我们干脆直接杀进去算了！"

萧何摇了摇头："就凭你们这百十号人，即便全部送命，恐怕连城门都进不去！"

正当低落的情绪在众人之间蔓延开来的时候，沉默不语的刘邦一拍大腿，兴奋地叫道："拿笔墨、绢帛和弓箭来！"

众人不解，面面相觑。

刘邦拿到笔墨、绢帛和弓箭后，在绢帛上奋笔疾书。写罢，将帛书绑到箭矢上，射向城内。

沛县民众打开帛书，只见上面写道："天下人已经被秦朝折磨得人不像人，鬼不像鬼，而沛县子弟竟然还在替县令卖命守城。如今各地诸侯纷纷起兵反秦，沛县很快就会遭到屠戮。你们当下应该做的就是杀掉县令，找一个能够主事的人率领沛县百姓响应各路诸侯，只有这样，家人才能得以保全。否则，只能给县令陪葬了！"

民众读罢帛书，因慑于秦法而压抑了多年的愤怒一时间被点燃。数百名热血青年，纷纷拿起菜刀、锄头、棍棒，冲进县政府，将县令剁成了肉酱，随后开城迎接刘邦。

接下来，最重要的事就是找一个能够主持大局的人，带领沛县百姓一起干革命。而大家心目中的最佳人选莫过于刘邦。

枪打出头鸟，对于刘邦这种老油条而言他又岂会不知！

刘邦谦虚地推辞道："如今天下大乱，诸侯并起，如果不能选择合适的人来带领大家就会一败涂地。并非我刘邦贪生怕死，而是担心自己德行浅薄不能胜任，辜负了乡亲父老的厚爱。希望大家能够选择一位更加合适的人。"然后看向萧何和曹参，"萧大人和曹大人都比我合适。"

萧何、曹参都是文官，担心大事不成，会被灭族，所以坚辞不受。

见刘邦不肯接受，于是父老乡亲轮番做刘邦的工作。

"你妈怀上你之前，跟天神的事，我们可都知道哦！"

"武老太和王老太都曾见过你头顶有巨龙盘旋！"

"前段时间又听说你斩杀了白帝子，大家都说你是赤帝子呢!"

"算命先生不是说你贵不可言嘛! 我们占卜发现, 在座的都没有比你更适合当县令的了!"

"你要是再推辞, 就是给脸不要脸了!"

……

父老乡亲七嘴八舌, 不容置喙。刘邦见推辞不掉, 心一横, 便应承了下来。

当天, 刘邦率领沛县子弟在县衙的庭院内祭祀黄帝、蚩尤, 又用牲血祭鼓旗。由于刘邦以赤帝子自居, 所以崇尚赤色, 所有旗帜一律使用赤色。

随后, 刘邦、萧何、曹参等人在沛县召集了两三千人马, 准备发兵攻打胡陵、方与。

这一年, 刘邦四十八岁, 人生已经过了一大半。当了半辈子的乡派出所所长, 如今终于混上了县长, 但县长绝非他的终极目标。

他站在城墙上, 遥望胡陵和方与, 心中燃起了更大的欲望之火。

苟富贵，莫不相忘

陈胜的革命大军席卷全国，所到之处，皆望风而降。陈胜此时可谓富贵至极。

有一位曾经与陈胜一起耕田的老同事就去找陈胜，想让陈胜兑现"苟富贵，莫相忘"的承诺。

老同事不远千里，来到王宫，对看门的保安说："我要见我的老同事陈胜！"

保安将其上下打量一番，冷冷道："陈王又岂是你这种老农民说见就见的！赶紧给我马不停蹄地滚！"

老同事见保安狗眼看人低，不依不饶。保安不耐烦了，将其绑成个粽子。

老同事解释半天，保安这才放了他，但始终不肯替他通报。

正当老同事纠缠不休的时候，突然看到陈胜乘着王辇从王宫里出来。老同事兴奋不已，冲陈胜大喊。陈胜看到老同事后，并没有多少欢喜，只是碍于情面，将其载入王宫。

老同事进入王宫，犹如刘姥姥进入大观园一般，看什么都感到稀奇。他惊呼道："我哩个亲娘啊，陈涉这个王当得可真阔绰呀！"

　　老同事根本不把自己当外人，在王宫内蹭吃蹭喝，压根儿就没有想要离开的打算。他自认为与陈胜关系铁，所以嘴上没有把门的，说话越来越随意，而且还说了很多陈胜以前不体面的事。

　　有人就对陈胜打小报告说："大王的客人愚昧无知，喜欢胡说八道，长此以往下去，恐怕会降低大王在臣子面前的威信。不如杀了算了！"

　　虽然以前关系铁，但毕竟如今身份悬殊，别人可以不见外，但你自己不能不见外，更何况别人见外呢！

　　陈胜想都没想，直接将老同事就地正法。

　　陈胜斩杀老同事后，身边的故人也都纷纷离开，亲近陈胜的故人变得越来越少。再加上，陈胜猜忌心特别强，任用朱房做中正官，胡武为司过官，让他们专门揭露群臣的过失，但二人却利用公权谋私，勒索从前方归来的将士，如果谁不听他们的话，他们就会将谁关进监狱治罪，这更加导致君臣离心离德。

　　被胜利冲昏了头脑的陈胜，开始一步步跌入深渊。

第三章

树党羽，项梁谋立楚怀王

祸起萧墙

张耳、陈馀说破天都没能阻止陈胜称王，只好向陈胜建议说："大王征调魏、楚两国的兵力西进攻打函谷关，却腾不出手来收复河北。我俩曾遍游赵国，了解那里的地形，也结识了不少豪杰，希望大王能给我们一支军队，让我们替大王夺取赵地。"

陈胜对张耳、陈馀不放心，所以就任命自己的老朋友武臣为将军，只让张耳、陈馀担任左右校尉，然后拨给他们三千士兵，北上攻赵。

武臣、张耳、陈馀从白马津渡过黄河，每经过一个县，就对县里的豪杰说："秦朝用暴政残害天下，已达数十年之久。北方边境征用大批徭役修建长城，南方动用大量苦役戍守五岭，致使国内国外动荡不安，百姓原本就疲惫不堪，但食肉者仍旧按照人口征收苛捐杂税，以供军费开支，以致财力散尽，民不聊生。再加上严刑峻法，害得天下人人自危，不得安宁。如今陈王斩木为兵，揭竿为旗，率先发难，已在陈县称王，并派精兵强将西进攻秦。方圆两千里的地方都纷纷响应，家家户户各自为战，将愤怒的矛头对准自己的敌人。县里的人斩杀他们的县丞，郡里的人斩杀他们的郡守郡尉，都来响应陈王。四方豪杰如不趁此良机建功立业，更待何时！天下苦秦久矣，凭借万民之力征讨无道昏君，雪父兄之仇，成就裂地封侯的大业，有志之士又岂能错过！"

一时间，各县豪杰纷纷投向武臣。武臣的队伍瞬间从三千人发展到数万人。随后，武臣自立为武信君。

武臣一鼓作气，顺利拿下赵地十座城池。然而，当大军行至范阳时，却吃了闭门羹。

范阳令由于慑于秦法，担心被灭族，所以不敢投降。眼看革命军就要踏平范阳，投降不是，不投降也不是，一时间急得直想抹脖子。

正当范阳令不知所措的时候，范阳人蒯通前来求见。

范阳令好奇地问："先生找我何事？"

蒯通直言不讳地说道："我听说您快要死了，所以前来吊丧。"

范阳令气得脸色铁青，浑身颤抖，半天说不出一句话。

蒯通话锋一转："尽管如此，但我还是要祝贺您，因为您有了我就能起死回生。"

范阳令刹那间怔住了，两眼满怀期待地看着蒯通。

蒯通缓缓道："秦法严酷，没有人比您更清楚。您做了十年的范阳令，杀人父母，诛人子女，断人双足，黥人面目，数不胜数。然而那些慈父孝子之所以不敢杀您，是因为他们畏惧秦法。如今天下大乱，秦法无法施行，那些慈父孝子巴不得立刻将利刃插进您的胸膛来成就他们的名声，这就是我来哀悼您的原因。"

范阳令双腿一软，"砰"的一声跌坐在地上，面如死灰。

蒯通将其扶起，安慰道："如今诸侯纷纷起兵叛秦，武信君攻打范阳在即，范阳少年无不争相杀您，然后提着您的项上人头去投靠他。如果您能尽快派我去拜见武信君，我便可以为您转祸为福！"

范阳令回过神来，向蒯通深鞠一躬，恳求道："我这颗项上人头就拜托先生了！"

当天，蒯通便快马加鞭赶至范阳城外的武臣大营。

武臣听说蒯通是来给范阳令当说客的，表现出一副不屑一顾的样子。

蒯通先入为主道："如果将军认为只有战胜才能略地，攻克才能下城，那您就大错特错了！"

武臣不解，两眼直视蒯通，等待下文。

蒯通淡淡一笑，解释道："如果您能听从我的计谋，我可以保证让您不攻即可降城，不战即可略地，一张传檄便可拓地千里。"

武臣突然来了兴致，极为恭敬地问道："还请先生多多指教！"

蒯通侃侃而谈："如今范阳令虽然准备整顿士兵，坚守城池，但他贪生怕死，贪恋富贵。原本想率领范阳士兵投降，但又忌惮您因为他是秦朝官吏，会像诛杀前十城的官吏一样杀他。而如今范阳县的少年又想杀掉他们的县令来抵抗您。到那时，恐怕您想拿下范阳，就要付出巨大代价。"

武臣脸色阴沉，缄默不言。

蒯通建议道："如果您能给我一个侯爵的大印，让我拜范阳令为侯，范阳令必定以范阳投降于您。到那时，范阳少年就不敢擅自诛杀他们的县令了，而您就可以不费吹灰之力拿下范阳。如果再让范阳令乘坐豪华的马车，到燕、赵郊外游览一圈，燕、赵的人见到投降的范阳令竟然受到如此优待，必定不战而降。这就是我所说的一张传檄即可拓地千里。"

武臣听罢，大为振奋，当即采纳了蒯通的计策。

范阳令不但得以保全，而且还被封侯，大为高兴。随即，按照蒯通的建议，到燕、赵郊外一日游。没过多久，有三十余城不战而降。

到达赵国都城邯郸时，张耳、陈馀听说陈胜的大军节节败退，并且还听说陈胜听信谗言，诛杀了一批为其攻城略地的将领。张耳、陈馀担心无端被诛，同时又记恨陈胜不听其计不用其为将，所以就对武臣说："陈王在蕲县起兵，到达陈县就迫不及待地自立为王，并没有立六国后裔为王。将军神武，率三千人马便攻下赵地数十城，且独霸河北，不称王恐难震慑赵地。更何况陈王喜欢听信谗言，如果您带兵回去，难免不会遭受杀身之祸。如果您不愿称王，还可另立陈王的兄弟为王，再不然就立赵国后裔为王。希望将军当机立断，时不我待！"

武臣听张耳、陈馀这么一建议，心花怒放，立刻做出从谏如流的样子采纳了在赵地立王的建议。不过，肥水不流外人田，武臣一不做二不休，干脆自立为王，还任命陈馀为大将军，张耳为右丞相。

生米煮成熟饭之后，武臣仍以臣子的身份将自立为王一事禀报给了陈胜，又解释说自己无心称王，但为了替他稳定赵地，迫不得已为之，还望他能多多体谅下属的难处。

陈胜得到消息后，大骂道："武臣这个白眼狼，没想到竟然敢僭越称王！太吃里爬外了！张耳、陈馀也不是什么好东西！"

当时，武臣、张耳、陈馀的家属全都在陈县，陈胜原本想将三人尽数灭族，但相国房君急急劝阻道："暴秦尚未灭亡，如果尽诛武臣等人家属，无异于又生出一个暴秦。武臣称王，如今木已成舟，大王不如顺水推舟，对其加以恭贺，借以笼络其心，然后命其西进攻秦。待灭掉秦朝后，再慢慢收拾他们也不迟。"

陈胜听从房君计策，派人前往赵地恭贺武臣的同时，又将三人家属悉数迁往王宫，以保护为由，囚禁其中。

武臣见陈胜不但没有责备，反而还加以祝贺，于是准备听从陈胜的命令西向攻秦。

张耳、陈馀劝说道："大王称王，并非陈王本意，只不过是将计就计来祝贺大王。待陈王灭掉秦国之后，必定加兵于赵。为今之计，大王应当南征河内，北徇燕、代，扩充自己的势力。如此一来，赵国南据大河，北有燕、代，即便陈王灭掉秦国，也不敢轻易攻赵。"

武臣当即采纳了张耳、陈馀的建议，派韩广攻略燕地，派李良攻打常山。

计策虽好，但让武臣意想不到的是，韩广和李良也并非善类。武臣此举无异于给自己挖了个坑。

自掘坟墓

赵军来势汹汹，所向披靡，韩广没用多长时间便平定了燕地。

燕国的贵族与豪杰向韩广建议说："楚国早已立王，赵国也已立王。我们燕国虽小，但曾经好歹也是个万乘之国，希望将军能够自立为燕王。"

"我的老母亲还在赵国，如果称王，恐怕老母亲难以善终！"韩广不无担忧道。

"赵国眼下西有秦患，南有楚患，凭借他们的力量自保有余，但攻伐不足。更何况以楚国的强大尚且不敢擅自诛杀赵王的家人，赵国难道就敢擅杀将军的家人吗？"

韩广一想，也是这个理，于是一咬牙一跺脚，在燕国自立为燕王。几个月后，赵王果然将韩广的母亲和家人全部护送到了燕国。

武臣先前背叛陈胜自立为王，如今韩广又背叛他自立为王，他也尝到了被人背叛的滋味。每天躺在床上，翻来覆去，武臣始终咽不下这口气，于是下定决心攻打燕国。

说来，也该武臣倒霉，闲着没事喜欢在军营外瞎转悠，这一转悠不打紧，在燕国边境被燕军绑票。

韩广派人通知张耳、陈馀说："赵王在我们手里，如果想救赵王，就与我们平分赵国，不然别怪我们撕票！"

张耳、陈馀急得跟热锅上的蚂蚁一般，先后派遣十几批使者前往燕国与韩广磋商。韩广不由分说，来一个杀一个，直至杀到张耳、陈馀同意平分赵国为止。

张耳、陈馀也没辙了，准备答应燕国的要求。

这时，后勤部的一个无名小卒胸有成竹地对同伴说："我可以替张丞相和陈将军游说燕人，让他们把大王和我风风光光地送回来。"

同伴揶揄道："就你？我看你是活得不耐烦了！张丞相和陈将军派了十几个使者都没有一个能活着回来，你能有什么本事可以把大王接回来呢？"

小卒毫不理会同伴的嘲讽，单枪匹马来到燕国大营。

小卒对韩广明知故问道："大王知道我为什么要来这儿吗？"

韩广一脸不屑地回答道："你不就是为了想救赵王嘛！"

小卒摇了摇头，回答说："我是为了救大王您哪！"

韩广冷哼一声，不搭话。

小卒继续问道："大王知道张耳、陈馀是什么样的人吗？"

韩广迟疑片刻，如实回答说："贤明且有才能。"

小卒两眼直视韩广："大王知道他们想干什么吗？"

韩广冷冷道："不是和你一样想救赵王嘛！"

小卒哈哈大笑起来，笑得韩广有些发毛。

"看来大王并不了解他们哪！"

"什么意思？"

"武臣、张耳、陈馀三人策马扬鞭之间便轻易攻克赵国几十座城池，他们谁不想南面称王，谁想一辈子只做卿相呢？做臣子与做君王能相提并论吗？"

韩广摇了摇头。

"只是由于顾及局势刚刚稳定，张耳、陈馀才没敢与武臣三分赵地，各自裂土为王，只是暂时按照年龄的大小立武臣为王，用以稳定赵国的民心。如今赵国已经完全平定，张耳、陈馀正想分地称王，只是时机尚未成熟。如今大王把赵王囚禁起来，张耳、陈馀名义上是为了救赵王，实际上却希望燕国早日杀掉赵王，然后平分赵地。本来一个赵国就难以对付了，更何况是两个贤明的君王联合起来共同声讨燕国诛杀赵王的罪责呢！如果您执意囚禁赵王，燕国离亡国之日恐怕不远了！"

韩广被惊得一身冷汗。待回过神来，立刻派人释放了武臣，还派人将武臣与小卒风风光光地送回了赵国。

武臣虽然暂时侥幸逃出了韩广的魔掌，但派去攻打常山的李良马上会给他带来致命的一击。

秦二世的反击

正当秦二世沉浸在帝位带来的前所未有的愉悦感的时候，一位从东方归来的谒者让他极为扫兴。

谒者如实禀报说："陛下，不好了，山东人都造反了！自立为王的恐怕都有一打了！"

秦二世大怒："朕让你去山东公费旅游，你回来就开始忽悠朕！朕有那么好忽悠吗?"转而对侍卫吩咐道，"给朕拉下去砍了！"

从此，再有谒者回来禀报时，都会向秦二世汇报说："不过是一些小毛贼罢了，官府正在全力缉拿，多数人已经被正法，陛下大可放心！"

秦二世听罢，大为高兴，每天照常沉浸在温柔乡中。

直到秦二世二年(公元前208年)冬，楚将周章率领数十万反秦大军逼近咸阳东南方向的戏水并准备向咸阳发动进攻时，秦二世这才大梦初醒——确实有人在造他的反。

周章，陈县名士，不但给楚将项燕做过观察星象的官员，还曾侍奉过春申君。陈胜打到陈县时，他毛遂自荐，声称自己熟读兵法，可以领兵作战。于是，陈胜封他为将军，派他西进攻秦。周章一路上招兵买马，到达函谷关时，战车已经达到上千辆，士兵也已达到数十万人。

听说起义军已经打到戏水，秦二世连忙召集群臣商讨退敌之策。秦二世一脸焦急地询问百官道："这可怎么办哪？"

文武百官沉默不言。

秦二世更加焦急。

这时，少府章邯站了出来："盗贼已经进逼咸阳，并且人多势众。如今再向周围郡县调兵勤王，恐怕已经来不及了。骊山囚徒众多，为今之计，只有赦免骊山囚徒，发给他们兵器，让他们来抗击，或许才能击退盗贼！"章邯以及群臣此时仍旧不敢在秦二世面前直接称造反之人为反贼，而称盗贼。

于是，秦二世大赦天下，任命章邯为将军，让他率领骊山十万囚徒，迎战周章。结果，周章大败，逃到曹阳。章邯乘胜追击，与周章大战于曹阳，周章兵败自杀，秦军士气大振。

章邯的出现无异给所向披靡的起义军一记狠狠的耳光，让过于乐观的他们幡然醒悟到秦军并非全是酒囊饭袋。

自从周章大败后，革命形势陡转，开始变得举步维艰。

陈胜败亡

吴广虽然被封为假王，地位极其尊贵，但他毕竟是个大老粗，尽管现在成了暴发户，但他的才能并没有随着地位的提高而提高。

人的一生，没钱没房没车没胸没颜值并不可怕，可怕的是没本事！

没本事很容易让人瞧不起。

吴广就非常被手下瞧不起。

吴广率军攻打荥阳时，久攻不下，眼巴巴地看着荥阳城，只有干着急的份儿。

整天被吴广领导，田臧等人感觉十分憋屈，于是私下商量说："周章的军队已经被打败，秦军很快就会打到这里。我们围攻荥阳这么多天，却一直没有攻破。一旦秦军到来，恐怕就会被团灭！不如留下少量士兵围攻荥阳，率领大批精锐士兵去迎战秦军。假王一个暴发户，既没文化，又不懂得用兵，但不知道他为什么会自信心爆棚，整天不可一世得不知道走路先迈哪只脚。如果和他商量，只怕不会被采纳。不杀他，又担心计划会失败。不如一不做二不休，直接送他去见佛祖！"

当天夜里，田臧等人趁吴广熟睡之时，冲进吴广营帐，将吴广当场拿下。

吴广一脸茫然，不知道究竟发生了什么事，就被两名士兵反剪双手，按在地上。

田臧等人为了让吴广死得"明白"，还向吴广宣读了他们早已伪造好的一份诏书，然后砍杀了吴广。

这反倒让吴广死得更加不明不白！

擅自诛杀假王，非同小可。田臧等人立刻派人将吴广的人头送给了陈胜，并随意编造了一个诛杀吴广的正当理由。

陈胜捧着昔日战友的头颅，哽咽不止。他恨不得立刻将田臧等人抽筋剥骨、食肉寝皮，让他们给吴广陪葬。但转念一想，此时战况紧急，秦将章邯已率军直奔荥阳，斩杀大将无异于自取灭亡，所以他断了这个念头。

起义仅仅几个月，陈胜便先后遭到无数人的背叛，然而人总是在背叛中成长。他擦掉眼泪，对侍者咬牙切齿地吩咐道："传令，封田臧为令尹，并兼任上将，即刻发兵迎击章邯！"

田臧接到王命后，派部将李归继续围攻荥阳，然后亲率精兵与秦军大战于敖仓，结果不幸战死。

秦将章邯转而率军解救荥阳，李归等人战死。

章邯再领兵围攻许昌，许昌守将伍徐战败，逃回陈县。随后，章邯发兵进攻陈县，上柱国房君战死。

陈县是楚国的老巢，如果老巢被端，楚国将随之灭亡。于是，陈胜亲自督战，与秦军厮杀，但由于双方实力悬殊，最终败走汝阴。

章邯穷追不舍，楚军作鸟兽散。

专车司机庄贾载着陈胜狼狈地向城父方向窜逃。

兵败如山倒，曾以燎原之势引燃全国的革命之火忽明忽暗，变得微弱不堪。现如今，楚国大势已去，得之不易的富贵，转眼即将消逝。

陈胜微闭双眼，一滴浊泪从眼角滑落，顺着脸颊缓缓流下。

突然，"啊"的一声惨叫，庄贾手起刀落，陈胜的头颅滚落到地上。

庄贾看着陈胜血淋淋的人头，阴阴一笑，随即捡起，扔进马车，然后驱车奔向章邯大营。

此时，离起事才不过短短六个月的时间。陈胜作为"革命第一人"，他的覆灭对于全国的反秦人士造成沉重的打击。随着秦军的崛起，革命之路变得更加艰辛，其结果更是不容乐观。

部将吕臣听说陈胜被杀，立刻在新阳招兵买马，组建了一支苍头军，然后径直杀回被秦军占领的陈县。秦军败退后，吕臣顺利占领陈县，并重新建起张楚政权。

吕臣听说庄贾就躲在陈县，大怒，派兵掘地三尺将他找了出来，然后将其剁成肉酱。

陈胜刚起兵时，陵县人秦嘉原本自己拉起了一支革命队伍去攻打郯县，陈胜听说后，便派武平君畔去统领郯县周围的起义军。

秦嘉心里极不乐意，心想，我自己的队伍，凭什么让你领导！你算哪根葱哪瓣蒜？

等到武平君到达郯县不久，他便假传陈胜的命令除掉了武平君。

一听说陈胜被杀，秦嘉便迫不及待地拥立楚国王室后裔景驹为楚王。

随后，秦嘉率军抵达方与，准备与驻扎在定陶的秦军决一死战。秦嘉势弱，自忖难敌秦军，于是派公孙庆出使齐国，游说自立为齐王不久的田儋合力攻打秦军。

公孙庆还没开口，田儋就斥责道："我听说陈王战败，生死不明，楚国怎么能不向我请示就自立为王呢？"

公孙庆反驳道："当初大王称王时，不是也没有向楚国请示嘛！楚国为什么要向齐国请示呢？更何况楚国首先起事，本来就应该号令天下！"

田儋一时语塞。

不过，田儋是一个能动手、尽量不吵架的人。他知道自己说不过公孙庆，于是冷冷地看着公孙庆："我看是你的嘴硬，还是我的刀硬！"还没等公孙庆反应过来，田儋便一刀结束了公孙庆。

巧遇张良

刘邦起义不久，就被泗水郡的郡监给盯上了。郡监发兵围攻丰县，结果被刘邦击退。

在群雄逐鹿的年代，幸运之神往往会抛弃坐以待毙的人，而眷顾主动出击的人！

随后，刘邦便命雍齿留守丰邑，亲率大军攻打泗水郡郡守，郡守战败被杀。

正当刘邦在前方节节胜利的时候，后院失火了。

被陈胜派出去攻城略地的魏人周市，率军赶到丰邑城下时，对雍齿说："丰邑，原本是魏国的地盘，魏王还曾经迁徙到此处。如今我们已经收复了魏国数十座城池。如果你愿意投降魏国，魏国就封你为侯，仍然让你镇守丰邑。如果你不投降，待我们攻破丰邑之后，就立刻血洗丰邑！"

雍齿一向看不起刘邦这种无赖，更不甘心屈居刘邦之下，所以周市一招降，他就投降了。

刘邦听说父老乡亲都背叛了自己，心碎得跟饺子馅似的。

父老乡亲的背叛在刘邦的内心深处留下一道难以愈合的伤疤，以至在他称帝多年后仍旧隐隐作痛。

丰邑是自己的根据地，丰邑不能丢。于是，刘邦发兵攻打丰邑，但连攻数日，却一直未能攻下。

被迫与父老乡亲厮杀，刘邦痛心不已，一连病了数日。

突然有一天，他听说秦嘉和楚王景驹正在留县，于是亲自赶往留县，想要向他们借兵攻打丰邑，但在半道上，他遇到了一生中的贵人——张良。

张良，韩国人，祖父张开地曾在韩昭侯、韩宣惠王、韩襄哀王三朝当过宰相，父亲张平又在韩厘王、韩悼惠王时担任两朝宰相，张良祖上可谓"五世相韩"。父亲死后二十年，韩国被秦国灭掉。当时张良还小，没能赶上在韩国做官。

韩国灭亡时，张良家中依旧富有，而且有三百个奴仆。为了花重金寻觅刺客，报灭国之仇，弟弟去世的时候都没舍得厚葬。

秦始皇二十九年（公元前218年），张良听说秦始皇巡游的队伍将要经过博浪沙时，他散尽家财，觅得一位大力士，准备与他一起行刺秦始皇。

当秦始皇到达博浪沙时，埋伏在高处的大力士使出全力，瞄准最豪华的一辆车子，将重达一百二十斤的铁锤推下。只听见"砰"的一声，那辆车子被瞬间撞飞，车上的人当场丧命。然而，丧命的人并非秦始皇。

被刺杀出了经验的秦始皇，为了安全起见，时常更换乘坐的马车。没有人知道他究竟坐在哪一辆车里。

一代帝王竟然成了当时最大的被刺杀专业户，这让秦始皇十分恼火，于是他下令全国通缉刺客。

张良隐姓埋名，逃到了下邳。

有一天，张良在下邳的桥上散步，突然遇到一位穿着粗布麻衣的老头。

老头将张良上下打量一番，诡秘一笑，然后挑衅似的将鞋甩到了桥下，并说："小伙子，去把鞋给我捡上来！"

都一大把年纪了，没想到还要出来"搞事情"！

张良心想，现在的老人变坏了！

原本想削他，但张良看他弱不禁风，所以忍住了，一溜烟跑到桥下把鞋给他捡了上来。

老头伸出脚，笑道："来，给我穿上！"

张良顿时血气上涌，两手握成两个小铁锤，就差动手了，又想了想，反正捡都捡了，也不差给他穿上，权当做好事了，于是跪下给老头穿上了。

老头拍了拍鞋，扬长而去。

张良一脸茫然。

走了一里地，老头又折了回来，并对张良说："孺子可教！五天后的黎明，在这里等我！"

张良虽然不知道老头葫芦里卖的是什么药，但五天后还是如期赴约。

那天，张良一大早就到了，但发现老头竟然比自己来得还要早。

老头将张良数落一番："与长者相约，你竟然还来这么晚！像不像话？"随即警告张良过五天再来，然后转身就走。

又过了五天，这次张良起得比鸡都早，所幸比老头早到了一会儿。

老头这次很满意。不过，他并没有夸奖张良，反而责备说："你为何不学伊尹、太公之谋，反倒效仿荆轲、聂政之流行刺君王呢？"

张良心里"咯噔"一声，没想到他早已猜出自己的身份。听老头这么一说，心中羞愧难当。

老头见张良知错，便从怀中掏出一本书递给张良。张良接过，一看，大吃一惊，没想到竟然是《素书》！

老头指了指兵书，说："人主深晓上略，则能任贤擒敌；深晓中略，则能御将统众；深晓下略，则能明盛衰之源，审治国之纪。人臣深晓中略，则能全身而退。"

张良没想到老头竟然将如此贵重的兵书交给自己，一阵感动，连忙向老头深深地鞠上一躬。

老头嘱咐道："不许传于不道、不神、不圣、不贤之人。如果传给了不合适的人，必遭天谴。如果有合适的人不传，也必遭天谴。"

张良一脸真诚："倘若有合适的人选，弟子一定传给他。如果没有合适的人选，弟子宁愿埋于墓中，也不会外传！"

老头点了点头，笑道："读完这本书你就能做帝王师了！再过十年，你就会飞黄腾达。到十三年时，你我可在济北相见。那时，如果你在谷城山下看到一块黄石头，那就是我！"然后，转身离开。

张良突然意识到原来这个老头就是大名鼎鼎的隐士黄石公，人称"圯上老人"。待回过神来，连忙跪下，朝黄石公远去的背影重重地磕了三个响头。

张良得到兵书如获至宝，每天手不释卷。没过多久，便精通其义，倒背如流。

十年后，陈胜、吴广起兵反秦，张良集结了一百多号人准备响应陈胜。听说陈胜遇害，张良又去留县投奔景驹，没想到竟然会与刘邦相遇。

两人一见如故，张良每次以《素书》向刘邦献计时，刘邦总能领悟，并且对其言听计从。

此前，他每次向他人献计时，从来没有人能够领悟，更鲜有人对其言听计从。

遇到知音，让张良欣喜若狂。他不禁对刘邦盛赞道："沛公大概就是上天派来拯救万民的吧！"

两人原本都是来投靠景驹的，后来一合计，你有军队，我有智谋，干吗还要跑去给别人当小弟呢？还不如两人联手创业，大干一番呢！

商定后，刘邦带着张良回到了沛县。

得到张良，刘邦如鱼得水，如虎添翼，从以前渺不足道的小虾米逐渐蜕变成了一条不容小觑的大鲨鱼，并开始在群雄逐鹿的惊涛骇浪中翻云覆雨。

谋立楚怀王

就在广陵人召平奉陈胜之命平定家乡时，他听说陈胜战败，不知所终。更加让他忧心如焚的是，秦军此刻正浩浩荡荡地杀向广陵。

与来势汹汹的秦军硬碰硬，无异于以羊投狼。

就在召平手足无措的时候，他突然计上心头。

他立刻命人前往江东，以陈王的名义矫诏拜项梁为上柱国，命其立刻渡江西进攻秦。

上柱国，乃楚国武官官职，其级别仅次于令尹（楚国无相国，以令尹统领百官）。上柱国原是保卫国都的最高军事长官，后来逐渐发展成为楚国的最高军事长官。

项梁接到任命诏书后，大为振奋。

事实上，项梁并不在乎诏书是真是假，因为假作真时真亦假。有了这份诏书，他就可以正大光明地以楚国上柱国的名义杀出江东。

当天，项梁便迫不及待地召集了八千江东子弟渡江而西，准备轰轰烈烈地大干一场。

一路上，项梁不断地招兵买马。途经东阳时，他听说当地的起义领袖陈婴业已举兵反秦，于是派人约他一起攻秦。

陈婴，原是东阳令史，为人诚实谨慎，在县里的口碑非常好，因此被人称为忠厚长者。陈胜起义时，东阳子弟斩杀了县令，聚集了几千人，想要选一位领袖带领他们一起干革命，由于没有找到合适的人选，就让陈婴来干。

陈婴推辞说："我算哪根葱哪瓣蒜哪，你们还是另请高明吧！"

众人不答应："这个领袖，你干也得干，不干也得干！谁让你人气高呢！"

陈婴见大家坚持，只好妥协。没过多久，陈婴手下就聚集了两万人。大家见其他县都纷纷称王了，一时眼红，就怂恿陈婴称王。

出头椽儿先朽烂。陈婴不是个爱出风头的人，连革命领袖都不想当，更别说称王了，于是整天窝在家里犯嘀咕。

陈妈妈了解情况后，对陈婴说："自从我嫁到你们陈家，就没听说过你家祖上出过什么贵人！如今突然显贵，不吉祥。不如投靠他人，如果大事成功了，还可以封侯拜相。如果大事失败了，也容易逃跑！"

这才是亲娘！

陈婴这哥们儿八成是金牛座，不太喜欢冒险，认为老妈说得很有道理。但投靠谁呢？他回到卧室，躺在床上，闭目沉思良久，突然一跃而起，跑出家门。

来到县衙，他乐不可支地召来众将士，朗声说道："项家世世代代在楚国为将，如果我们想要轰轰烈烈地干一番大事，莫过于依附项梁将军。有项将军带领我们干革命，还怕没有出头之日吗！"

众将士细细一想，感觉还挺有理，于是就跟随陈婴归附了项梁。

没过多久，英布、蒲将军等人也率军前来归附。此时，项梁的士兵已经达到六七万人。

项梁原本打算继续西进，没想到却被驻扎在彭城东边的秦嘉拦住了道。

项梁十分生气地对秦嘉说："好狗不挡道！给爷让开！"

秦嘉反驳道："今天我还就不让了，你咬我呀？"

项梁见秦嘉不识抬举，十分生气，便对众将士说："陈王首先起事，现在生死不明，秦嘉这个挨千刀的，竟然背叛陈王，拥立景驹为王，太大逆不道了！今天，我非弄死他不可！"

于是，项梁亲率大军攻打秦嘉。秦嘉不敌，败逃至胡陵。

项梁追击至胡陵，秦嘉虽然势弱，但仍做困兽斗，不过还是被项梁斩杀。与此同时，景驹也在逃往梁地的途中被杀。项梁随即兼并了秦嘉的部队，然后将军队驻扎在胡陵。

此时，秦将章邯驻扎在栗县，准备与项梁决一死战。项梁派硃鸡石、馀樊君迎战章邯，结果馀樊君战死，硃鸡石败走胡陵。项梁屯兵薛县，硃鸡石又狼狈地逃往薛县，项梁一气之下，将其斩杀。

前不久，项羽奉命攻打襄城，但襄城诸将士拼死守卫，以致久攻不下。项羽十分生气，待攻下襄城后，将城中将士悉数坑杀，随后又领兵赶往薛县，与项梁会合。

不久，项梁确定陈胜已死，便召集四方将领到薛县议事，刘邦收到消息后也匆匆带着张良赶往。

这时，一位满头白发但精神抖擞的老者拄着拐杖去见项梁。此人正是谋士范增。

范增，居鄛人，年过七十，擅长奇谋，平时隐居在家，很少出门。他听说项梁此刻正在薛县，于是便去拜见。他对项梁说："陈胜不失败，天理不容！想当初，秦灭六国，楚国最为无辜。自从楚怀王被骗到秦国并客死在秦国之后，楚人至今还非常怜悯他。楚人南公曾说'楚虽三户，亡秦必楚'。可是陈胜起事时，却不拥立楚王后裔，反而自立为王，所以他才不能长久。将军从江东起兵以来，楚国将领之所以纷纷归附，就是因为你们项家世世代代在楚国为将，相信您一定会拥立楚王后裔为王！希望将军能够早日顺从民意！"

项梁当即采纳了范增的意见。

自楚国被灭之后，楚王后裔被杀的被杀，没被杀的也都不知身在何处，想要找到楚王后裔，谈何容易！

不过，功夫不负有心人，还真让项梁找到了。

找到楚怀王熊槐的孙子熊心的时候，他正在草原上替地主放羊。

项梁一把夺过他牧羊的皮鞭，哀叹道："公子，这都火烧眉毛了，你还有心思在这儿放羊！"

熊心压根儿不知道眼前这个身穿铠甲的人是谁，所以一脸茫然，迟疑片刻，淡淡回道："只要不火烧羊毛，与我何干！"

项梁也不与他废话，直接扛上车，带回了军营，并立为楚王，定都盱眙。与此同时，项梁则自封为武信君，封陈婴为上柱国。

就这样，熊心从一个牧羊人一跃成为一国之主。他的王号与他爷爷一样，都称"楚怀王"，一方面是为了顺应民心，另一方面也是为了打悲情牌。

楚国再度复国，士气大涨。虽然形势一片大好，但前景却也不甚明朗，因为由秦将章邯所统领的大批秦军正杀将而来，其所到之处，起义军无不败亡。一场事关秦楚未来命运的战争正在悄悄酝酿。

楚国已经称王，韩国为什么不可以称王？这让复国心切的张良看到了希望。

张良急切地找到项梁，并劝他说："武信君既然已经拥立了楚怀王，而韩国诸位公子当中，横阳君韩成最为贤能，可立为王，然后派他收复韩国，可为秦国多树敌人！"

项梁同意了，将韩成拥立为王，并任命张良为韩国司徒。

此刻，韩国虽然尚在秦军手中，但韩国毕竟有了君王，韩地便可慢慢收复，想到此处，张良不禁热泪盈眶。他暗暗发誓，他一定要辅佐韩王成重建韩国。

当张良把打算追随韩王成的消息告诉刘邦时，刘邦大失所望，犹如被人斩断左膀右臂一般。不过，他并没有挽留张良，因为没有人比他更了解张良，重建韩国是张良数十年来朝思暮想的梦想，他必须无条件地支持他。

项梁拨给张良与韩王成一万多士兵，让他们向西攻取韩国故土。虽然艰难地夺下几座城池，但很快又被夺去。韩军只能在颍川一带打游击战，没有丝毫作为。

不过，恰恰是韩王成的毫无作为，给张良和刘邦的二次合作创造了机会。很快，他们二人会再度重逢。

第四章

鏖战巨鹿，战神项羽一战成名

不作死，就不会死

击败楚国的小股部队后，章邯转而发兵围攻魏国，魏国告急！

魏王咎派大将周市向齐、楚求救。齐王田儋亲率大军前去救援，并与秦军大战于临沂城下，结果兵败被杀。田儋的堂弟田荣侥幸逃脱，率领残余士兵逃往东阿，但很快被章邯包了饺子。

项梁听说田荣被围困，二话没说，亲率楚军直奔东阿，营救田荣。项梁一战便击败了秦军，章邯被迫向西撤退，东阿之围遂解。

不过，项梁恐怕暂时还意识不到，他救出的竟是一个白眼狼，而这个白眼狼在未来还会成为断送他侄子霸王地位的帮凶。

东阿之围解除后，田荣听说齐人已另立原齐王建的弟弟田假为王，肺当时都快被气炸了，于是引兵东归，攻打田假。田假不敌，逃往楚国，而丞相田角、将军田间则逃到了赵国。随后，田荣立田儋的儿子田市为王，自己任丞相，任命弟弟田横为大将。

项梁一路追击章邯，没想到秦军反倒越战越勇。为尽快消灭秦军，项梁派人约齐、赵两国一同攻打章邯。

　　章邯是革命军最大的障碍，章邯不除，列国寝食难安。再加上，项梁曾经救过田荣一命，无论于公于私，田荣都找不到拒绝项梁的理由。但项梁万万没有想到的是，田荣竟然开口向他提条件："你让楚国杀掉田假，让赵国杀掉田角、田间，我就出兵！否则，免谈！"

　　项梁严词拒绝道："田假是我们盟国的国君，在走投无路的时候才来投靠我们，我怎么能做出这种禽兽不如的事儿呢！"

　　赵国一看，楚国不杀田假，我们为什么要杀田角、田间呢！

　　田假不死，田荣坐卧不安，于是对楚国、赵国苦口婆心地劝说道："手被蝮蛇咬伤，就要砍掉手；脚被蝮蛇咬伤，就要砍掉脚。倘若不这样做，就会危及生命。田假三人对于楚国、赵国来说，并没有手足骨肉之亲，为什么不杀了他们呢？更何况如果再让秦国得志于天下，我们不但会受其侮辱，恐怕连祖坟都要被他们刨了！"

　　楚国、齐国不甩田荣，田荣心一横，干脆死皮赖脸，就是不出兵，看你们怎么办！

　　项梁并没把这个白眼狼放在眼里，自顾自地追击秦军。其间，他还派项羽与刘邦联合攻打城阳，两人顺利夺取城阳，又在濮阳东击败秦军。随后，两人又在雍丘斩杀了丞相李斯的儿子、三川郡守李由。

项梁到达定陶时，再次攻破秦军，又听说项羽、刘邦斩杀了李由，内心开始膨胀，不再把秦军放在眼里。

部将宋义发现项梁面带骄色，便劝谏说："打赢胜仗，将军骄横、士兵松懈的一方必败无疑。眼下我们的士兵已经开始有所懈怠，而秦军却越聚越多，我私下替将军感到担忧哇！"

项梁骄傲自大，听不得建议，嫌宋义整天在自己身边啰里啰唆，以派他出使齐国为名，将他支走了。

在前往齐国的途中，宋义遇到了齐使高陵君显。

宋义问道："高陵君这是要去找武信君吧？"

高陵君点了点头。

宋义仰天长叹道："我猜武信君必败无疑！你要是走得慢，还能活命。你要是走得快，恐怕要为武信君陪葬喽！"

高陵君一愣，随即笑了笑。

人命关天，宁可信其有，不可信其无。于是，高陵君由原来的快马加鞭改为蜗行牛步了。

为尽快剿灭起义军，秦二世不断派大军增援章邯。章邯在定陶一举攻破楚军，并斩杀项梁。

项梁作为当时反秦起义军中最为出色的一位将领，他的败亡无疑给革命事业蒙上一层阴影。

项羽听说项梁被章邯斩杀，怒不可遏，想立刻率军攻打章邯，却被刘邦死死拦住。

秦军节节胜利，士气大涨，此时不宜与其争锋。项羽、刘邦经过一番商议，决定先与大将军吕臣一起引兵东撤。吕臣驻扎在彭城东边，项羽驻扎在彭城西边，刘邦则驻扎在砀县。

楚怀王听说项梁兵败被杀，既忧且喜。忧在秦军势强，旦夕将至，喜在终于不用再做项梁的傀儡了。

是时候从项家手中夺回兵权了！

于是，楚怀王以明升暗降的方式，收缴了项羽的兵权，封项羽为长安侯，食邑鲁城，号称"鲁公"。刘邦则被任命为砀郡长，并封武安侯。与此同时，还将都城从盱眙迁往彭城。

巨鹿告急

赵将李良平定常山后，赵王武臣又派他攻打太原。当李良到达石邑时，发现秦军已经封锁了前行的道路。

为了策反李良，秦将谎称秦二世派人给他写了一封信，信中说："李良曾经侍奉过我，并且得到过我的重用。李良如果能背弃赵国，投靠大秦，过往之事一概不咎，并且给他加官晋爵。"

由于这封信没有封口，所以李良对此半信半疑。

为了能突破秦军的防线，李良决定返回邯郸，请求增兵。半道上，他遇到了武臣的姐姐。

武臣的姐姐是个爱讲排场的人，不过这也恰恰害了她和武臣。

当时，她正好外出赴宴归来，身后还跟了一百多个随从。李良以为是赵王的车队，所以连忙下拜。武臣的姐姐喝得醉醺醺的，不知道是大将军李良，所以就派人简单地向他打了个招呼。

在武臣尚未称王前，李良地位比武臣还高。武臣称王后，李良的地位仍旧十分尊贵，即便是武臣都要对他礼敬三分。今日，他却当着众将士的面向一个女人行跪拜礼，一时间恨不得找个地缝钻进去。

一位部将看不下去了，便对李良嚼舌头道："天下群起反秦，有能力者称王。赵王的地位原本就在将军之下，如今一个老娘们儿竟然敢不下车给将军还礼，实在是太瞧不起人了！恳请将军允许我追上她，替您弄死她！"

收到秦军的书信时，李良虽然起了反心，但仍旧犹豫不决。遭到这番羞辱，李良面儿上挂不住，一气之下，派人杀了武臣的姐姐。随后，又发兵偷袭邯郸，结果武臣被杀。

由于张耳、陈馀耳目众多，所以才得以逃脱。二人逃走后，又聚集了数万士兵。

武臣被杀，赵国群龙无首。门客就劝张耳说："您和陈馀将军羁旅赵国，但并非赵人，想让赵人归附，恐怕有点困难。唯有拥立赵国后裔，以道义辅佐他，才能成就一番功业！"

于是，张耳、陈馀拥立了赵国贵族赵歇为赵王。

李良继续率军追击张耳、陈馀，却被张耳、陈馀击败。无奈之下，只好投靠了秦将章邯。

章邯斩杀项梁之后，认为楚军已经不足为惧，便引兵到达邯郸。张耳、陈馀不敌，逃入巨鹿城。章邯命大将王离将巨鹿重重包围。

陈馀集结常山的几万残余兵马，驻扎在巨鹿以北。章邯率大军驻扎在巨鹿以南，并修建甬道，连接黄河，给王离源源不断地输送军粮。王离兵多将广，粮食充足，不断攻打巨鹿城。

巨鹿城内虽说兵弱粮少，但仍在竭力抵抗。张耳见陈馀统领数万人马，却迟迟不来救援，非常生气，于是屡屡派人召陈馀前来援助，但陈馀始终按兵不动。

与秦军僵持了几个月，张耳实在坚持不下去了，便派心腹大将张黡、陈泽前去责备陈馀说："当初你我结拜为生死之交，如今大王与我危在旦夕，而你却统领数万兵马不肯相救，还谈什么同生共死呢？倘若你真讲信义，何不率军迎战秦军，与我们一起拼命呢？如此一来，我们没准还有一线生机呢！"

陈馀委屈地解释说："我陈馀何惧生死？又何尝不想与你们同生共死呢！可考虑到与秦军血战，不但不能拯救你们，反而还会白白葬送几万大军的性命，这样做得不偿失。我之所以不与你们一起送命，是因为我想保存实力替你和赵王报仇！如果一定要与秦军拼个你死我活，无异于拿生肉去喂饥饿的猛虎，对我们又有什么好处呢？"

张黡、陈泽迫切地恳求道："陈将军，如今战事紧急，是时候兑现同生共死的承诺了，哪里还顾得上以后的事呢！"

见张黡、陈泽坚持，陈馀仰天长叹，回道："我从不顾惜自己的生死，但感觉同归于尽也无济于事。既然你们这么坚持，就依你们吧！"

随后，陈馀拨给张黡、陈泽五千士兵，让他们前去救援巨鹿。结果，如陈馀所猜测的一样，全军覆没。

被困在巨鹿城内的张耳，一直在心急如焚地等待张黡、陈泽的消息，但左等右等始终不见张黡、陈泽归来，也不见陈馀发兵营救。他暗暗猜测，张黡、陈泽或许已被陈馀杀害。想到这里，他既悲且怒。

眼下，巨鹿城旦夕将破，看来刎颈之交的陈馀是指望不上了，还能指望谁呢？

难道要命丧巨鹿了吗？想到此处，两行浊泪从张耳的眼角缓缓流下。

沉思良久，张耳突然冲出大厅，从仅有的老弱病残中挑选了数十名死士，命他们冲出秦军的包围，向楚、齐、燕三国求救。幸运的是，这些人顺利地冲出了秦军的包围。

此时，秦军所向披靡，令列国将士闻风丧胆，没有国家敢与秦军正面交锋。张耳与赵王歇的命运仍旧令人堪忧。

北上救赵

秦军越来越强大，诸侯们都不敢攻打咸阳。唯独项羽怨恨秦军斩杀了项梁，所以主动请缨，恳求率军入关。

无论项羽胜利还是败亡，对楚怀王来说其实都是好事，所以他想答应，但诸将却劝谏说："项羽为人凶悍残暴，攻破襄城时，城内百姓全被坑杀，无一幸免。更何况现在楚军节节败退，鲜有胜利，陈王、项梁全部战死。在这种情况下，不如派一位忠厚长者，向秦国父老施以恩义。秦国父老被秦国奴役太久了，如今派忠厚长者前往，晓谕他们，我们是来解救他们的，绝不拿他们一针一线。如此一来，不日便可拿下咸阳。沛公素来宽厚，不如派沛公前往。"

这时，楚怀王收到了赵国的求救信号。经过反复思量，楚怀王决定派刘邦西向攻秦，派项羽北上救赵。与此同时，楚怀王还与诸将相约，先入关中者为王。

倘若让项羽统兵救赵，无异于将刚刚夺取的兵权转身又还给了项羽，楚怀王一百个不放心。这时，身在楚国的齐使高陵君显便向楚怀王推荐宋义，他说："先前我出使楚国时，途中遇到大将宋义，宋义说武信君必败无疑。没过多久，武信君果然败亡。未战而能够提前预知胜败者，必然善于用兵，所以外臣特向楚怀王推荐宋义。"

楚怀王大悦，当即任命宋义为上将军，还命其统辖其他诸将，尊称其为卿子冠军，仅任命项羽为次将，范增为末将。

宋义带领楚军行至安阳时，安营扎寨，不再前行。

巨鹿危在旦夕，项羽多番催促，但宋义始终不肯行军。到了第四十六天，项羽忍无可忍，便对宋义说："秦军将赵王围困在巨鹿城中，情况十分危急。恳请将军尽快率军渡河，与赵军内外夹击，必然能击败秦军。"

宋义诡秘一笑："话可不是这么说的！牛虻是用来叮咬黄牛的，可不是用来叮咬虮子的。如今秦军攻打赵国，如果战胜，必然兵疲将乏，到那时我们再对其迎头痛击。如果战败，我们就可以大张旗鼓地西进，直取咸阳。所以，不如先让秦赵斗个两败俱伤。冲锋陷阵，我不如你，但运筹帷幄之中，决胜千里之外，你就不如我了！"

为防止项羽等人不听号令，宋义当即下令："凡凶猛如虎，狠戾如羊，贪婪如狼，不听号令者，一律斩首！"

宋义之所以能够成为上将军，完全得益于齐使高陵君显的举荐，所以宋义对齐国颇有好感，而齐国也非常看重宋义，为结交宋义，齐国便聘请宋义的儿子宋襄到齐国去做齐相。

宋义收到聘书，乐不可支，并亲自将宋襄送到无盐。在无盐，宋义大摆筵席，大会宾客。

数日来，天寒地冻，暴雨不断，士兵们饥寒交迫，而宋义营帐中却觥筹交错，杯盘狼藉。

项羽气恼，暗下动了杀心。他对诸将说："诸将勠力攻秦，宋义却停滞不前。如今正在闹饥荒，将士们只能靠山芋野菽充饥，眼看军中就要断粮，而他却还在大摆筵席，不引兵渡河到赵国取粮。不与赵军合力攻秦也就算了，竟然还恬不知耻地说要等到秦军疲惫再发动进攻。如果放任强秦去攻打弱赵，赵国必然灭亡。赵国一旦被攻破，秦国就会更加强大，何来的疲惫可乘？更何况楚军刚刚战败不久，怀王坐卧不安，他把楚国的士兵尽数托付给了宋义，楚国的生死存亡在此一举。如今宋义不但不体恤士兵，反而还以权谋私，并非社稷之臣！这样的人留之何用！"

翌日清晨，项羽照常到宋义营帐中开会，并趁宋义毫无防备之时，将宋义的项上人头斩下。

诸将见状，皆惊愕不已。

项羽提着宋义的人头，对诸将说："宋义勾结齐国，意图谋反，怀王密令我将其斩杀！"

诸将虽然心知肚明，但由于畏惧项羽，谁都不敢站出来替宋义说话，并纷纷表示："楚国是项家所立，将军诛杀宋义，不过是在替楚国诛杀乱臣贼子罢了！"

斩草须除根，为防止宋襄在齐国坐大，对楚国不利，项羽派人追上他，并将其斩杀于齐国边境。

宋义死后，大家一致推举项羽为代理上将军。

项羽命桓楚返回彭城，将宋义"叛楚"一事汇报给了楚怀王。

楚怀王已猜出事情原委，却也无可奈何。项家再度掌权，是他最为担心的事，但终于还是发生了。事已至此，楚怀王只好违心地任命项羽为上将军。

项羽斩杀宋义后，威震楚国，名闻诸侯。

项羽成为上将军后，立刻发兵营救赵国。他命英布、蒲将军率领两万士兵先渡河救赵。楚军首战告捷。

陈馀见形势好转，派人继续向项羽请求增援。于是，项羽率领全军渡河。

渡河后，项羽做了一个"破釜沉舟"的决定。他命将士戳破釜甑，凿沉战船，烧掉帐篷，只携带三天的干粮。

项羽此举无异于自断后路。如果楚军不能战胜秦军，楚军将死无葬身之地。

此时，项羽的对手是章邯，一个强大到令列国诸侯都心惊胆战的敌人。这个年仅二十五岁的年轻人，能否击败这个久经沙场的老将，一切都还是未知数。

一场生与死的较量将不可避免地上演。

项羽一到巨鹿，便亲率大军包围了秦将王离，然后又斩断了他的甬道，致使王离陷于绝粮的境地。随后，项羽又趁机率军攻打，结果大败秦军，王离被俘，副将苏角被斩杀，部将涉间被逼得自焚而死。

其间，前来救援赵国的各路诸侯都驻扎在巨鹿城外，由于惧怕秦军而不敢进攻，只作壁上观。楚军浴血奋战，以一当十，喊杀声震天，诸侯联军看得心惊肉跳。

楚军大破秦军后，项羽召见各路诸侯将领，他们进入辕门时，无不膝行而前，不敢抬头仰视。从此，项羽便成为各诸侯国的上将军，所有反秦武装皆归他统领。

巨鹿之围被解除后，赵王歇和张耳长长地吁出一口气，有种逃出生天的感觉。

张耳走出巨鹿城的第一件事就是找陈馀算账。

张耳一见到陈馀，就声色俱厉地指责陈馀见死不救。陈馀百般辩解，但张耳完全听不进去。

张耳责问陈馀说："张黡和陈泽呢?"

陈馀回答说："他们非要让我与你们一起拼命，我就让他们率领五千士兵试探着攻打秦军，但他们不幸全军覆没了!"

张耳满眼怒火，逼视着陈馀，怀疑地问道："不会是被你暗害了吧?"

陈馀顿时火冒三丈，反驳道："当初不去救援巨鹿，原非我本意，只是因为即便去救，也无济于事，所以一直按兵不动。没想到，今日你竟然会如此记恨于我! 你以为我舍不得这个将军之位吗?"随即赌气地解下腰间佩带的将军印绶，"咚"的一声砸在张耳面前的桌子上，"想要，你尽管拿去!"

张耳一脸错愕，有些不知所措。

事情坏就坏在陈馀当时尿急，去了趟厕所。

就在陈馀如厕的间隙，门客劝张耳说："我听说，上天想要给你，但你不要，就会遭到惩罚。如今陈将军把印绶给你，你却不接受，不祥，赶快拿着吧!"

　　张耳迟疑片刻，心一横，便收起了印绶，并接管了陈馀的部队。

　　等陈馀回来时，发现自己的印绶早已挂在张耳的腰间，心中拔凉拔凉的。他恨恨地白了张耳一眼，转身离开营帐，带领几百名亲信，到黄河边去打鱼捕猎了。

　　曾经出生入死、患难与共的好兄弟，自此决裂，成为一对老死不相往来的冤家，而这才只是一个开始……

赵高李斯斗法

就在项羽救援巨鹿期间，一颗仿佛长有羽翼的枉矢星如同蛇行一般，弯弯曲曲地从西方划过。卜官认为，枉矢星所到之处，将有征战，旧的王朝即将灭亡。然而，深居皇宫大院的秦二世对此却毫无察觉。而秦二世之所以毫无察觉，皆因赵高。

赵高自从当上郎中令以来，便大肆陷害忠良，铲除异己，结怨甚多，唯恐大臣们向秦二世揭露他的罪行，所以就劝秦二世说："先帝治理天下长达数十年，所以群臣都不敢为非作歹，不敢散布异端邪说。如今陛下春秋正盛，刚即位不久，怎么能与公卿大臣一起在朝堂上决断政事呢？"

秦二世一脸茫然地问道："为什么不能？"

赵高解释道："如果决断错误，就会被群臣看出短处，就不能向天下人彰显陛下英明了。帝王之所以尊贵无比，就是因为别人只能听到他的声音，却见不到他本人，所以才自称'朕'。陛下何不深居宫中，与我和一些熟悉法律的侍中待在一起，等大臣呈报事务上来，我们就可以一起研究决断。如此一来，大臣就不敢把有疑难的事情呈报上来，陛下便可轻易解决，天下人就会称赞陛下为英明圣主！"

秦二世一听，感觉颇有道理，于是决定做个宅男，不再在朝堂上接见文武百官。一切国事皆取决于赵高。

皇帝不上朝、不接见百官处理政事，成何体统？李斯对此颇有意见。

赵高听说李斯颇有微词，就对李斯说："如今，函谷关以东的反贼是越来越猖獗了，可陛下还在不断地征发劳役去修建阿房宫，到处搜寻狗马之类毫无用处的东西来玩乐。我本来想劝谏，但地位卑下，人微言轻，说了陛下也未必肯听。这可是丞相您的分内之事，丞相为什么不劝谏呢？"

李斯一脸委屈："我早就想劝谏了，但陛下不上朝听政，深居宫中，我连面都见不到，又如何劝谏呢！"

赵高阴阴一笑，安慰道："丞相如果诚心劝谏，待陛下空闲之时，我就马上派人通知丞相！"

李斯也是经历过大风大浪的人，竟然没有怀疑赵高居心不良，或许是因为自沙丘政变之后，李斯早已将赵高当成了自己人。但赵高从来没有拿李斯当自己人看，反而还将其当成欲除之而后快的敌人，因为他时刻惦记着李斯的丞相之位。

每当秦二世观看歌舞表演或与嫔妃颠鸾倒凤玩得正尽兴的时候，赵高就派人告诉李斯："陛下正闲着呢，可以进宫奏事了！"

李斯屁颠屁颠地跑进宫，结果却碰了一鼻子灰。

一连数次，终于把秦二世给惹毛了。

秦二世发火道："我说李斯这个老家伙，是不是倚老卖老哇？我平时空闲的时候他不来，每次我玩得正尽兴的时候他却偏偏跑来扫兴。他是不是看我年轻，瞧不起我呀？还是嫌弃我庸俗浅薄、智商不够数哇？"

赵高故作惊恐状："如果真是这样，那陛下就太危险了！沙丘之谋，丞相曾经参与，陛下如今贵为皇帝，而他李斯却仍然还是丞相，难不成他想裂地称王？"

听赵高这么一解释，秦二世气得面如土色。

赵高心中窃喜，继续搬弄是非道："如果不是陛下问我，我还不敢说。丞相与盗贼陈胜等人是老乡，丞相的长子李由身为三川郡守，在盗贼大张旗鼓地经过三川郡时，却不肯出击。我听说李由还和陈胜等人有书信往来，由于暂时尚未查明，所以不敢禀报。丞相在外，其权势已经超过了陛下，陛下不可不防啊！"

秦二世从此开始忌惮李斯，多番想要将李斯下狱，但李斯身为两朝重臣，没有确切的证据不能轻易定罪，所以就先派人前往三川郡搜查李由通敌的罪证。

赵高心知肚明，此时李由已被项羽、刘邦斩杀，李由是否通敌一事基本上死无对证，而他要的就是让李斯百口莫辩。

天威难测，如果不在皇帝身边安插几个眼线，了解皇帝的一举一动，又怎么好意思出来混呢？精明如李斯，他在皇宫的情报系统可谓非常发达。当年秦始皇曾在宫殿的复道上远远看到李斯带了很多车马随从，其阵势极其壮观。秦始皇一向忌讳臣子位高权重，看到李斯如此高调，就随口抱怨了几句。没想到，过了几天，再次见到李斯时，却发现他轻装简出，低调了很多。秦始皇心想，一定是有人向李斯透露了消息，由于没有查出透露消息的人，所以秦始皇将当时跟随在自己身边的随从全都杀了。

李斯敢在秦始皇身边安插眼线，又岂不敢在秦二世身边安插眼线呢？所以，赵高在秦二世面前诽谤他与儿子私通反贼的消息很快传进了他的耳朵。

李斯这时才恍然大悟，没想到自己堂堂一国之相竟然中了阉狗的计。

熬了一辈子的鹰竟然让鹰啄了眼，太悲哀了！

李斯一时间怒不可遏，但多年来的宦海生涯让他很快冷静下来。

通敌，是灭族之罪，看来赵高是想赶尽杀绝。

他又岂是坐以待毙之人！必须反击！

秦二世每天窝在甘泉宫里看摔跤和滑稽戏表演，压根儿就不接见百官。李斯没有机会当面揭露赵高的罪行，只好上书告发赵高："我听说，臣子的权力如同君主，就会危害国家。小妾的权力如同丈夫，就会危害小家。如今有大臣如同陛下一样手握生杀大权，这万万要不得。昔日，子罕在宋国做相国，掌管刑罚，威震天下，一年之后就劫持了国君，篡夺了王位。田常身为齐简公的臣子，爵位在国内无人能及，私人财产可谓富可敌国，还常常广施恩德，上得群臣的拥护，下得百姓的爱戴，却暗中篡夺了齐国的政权，还在厅堂杀死了大夫宰予，在朝堂上杀死了齐简公。这些事天下无人不知无人不晓。而今，赵高有奸邪之志和危害国家的行为，犹如子罕在宋国做相国一样。他个人的财富，犹如田常在齐国一样。赵高兼有子罕和田常的忤逆行为，又暗中窃取陛下的威信，他的志向如同韩玘当韩安的宰相一样极其险恶。陛下如果不早作打算，恐怕迟早会生出祸乱！"

秦二世看到奏疏，一阵苦笑，他没想到李斯竟然狗急跳墙，恶人先告状了！

于是，秦二世派人责备李斯说："你这说的不是屁话吗？赵高只不过是个宦官，但他并没有因为生活安逸就为所欲为，也没有因为处境危险就改变对我的忠心。他品行廉洁，一心向善，经过不懈的努力才获得今日的地位，因为忠诚而得到提拔，因为诚信而保全爵位，我认为他是个大才，而你却怀疑他，这是为什么呢？我年纪轻轻父亲就驾崩了，现在学识还很浅薄，还不懂如何治理万民，而你又年纪大了，我担心与天下人隔绝，不接地气，所以才会重用赵高。你说，我不把国事托付给赵高，还能托付给谁呢？更何况赵高为人精明能干，做事尽心尽力，下能体察民情，上能顺应我意，希望你不要再怀疑他了！"

李斯顿时察觉到秦二世已被赵高洗脑洗得脑袋都进了水，但他仍抱着一丝希望，苦口婆心地解释道："事实可不是这么回事！赵高只是个卑贱的宦官，哪里懂得治国之道！如今，

贪得无厌，追求权力，其权势已经仅次于陛下，但欲望却没有
止境，所以我才说他危险！"

　　任李斯如何解释，秦二世铁定赵高是清白的。他担心李
斯会除掉赵高，于是暗中把李斯的奏疏交给了赵高，还不无关
切地提醒道："爱卿啊，你可要小心李斯这个老家伙！他可是
吃人不吐骨头的主儿！"

　　赵高"扑通"一声，跪倒在秦二世的脚下，哭诉道："丞相
最忌讳的人唯有我赵高，我赵高一死，丞相就可以干田常所干
的事了！"

　　秦二世连忙扶起赵高，安慰道："爱卿不必担心，有我在，
李斯奈何不了你！"他两眼盯着赵高，诡秘一笑，"看我怎么替
你收拾这个老东西！"

　　秦二世整天沉浸在女人之间而无法自拔，以至荒废了
朝政。眼瞅着起义军越来越强大，左丞相李斯、右丞相冯去
疾、将军冯劫冒死劝谏秦二世说："关东盗贼并起，我们多
次发兵围剿，虽然杀了不少，但冒出来更多。盗贼之所以屡
杀不止，就是因为劳役太多、赋税太重，我等恳请陛下停止
修建阿房宫，减少向四方边境征派戍卒，并停止向四方运送
粮食。"

　　秦二世一听这话，当场就发飙了："我曾听韩非子说，尧、
舜统治天下时，栎木屋椽不加砍削，茅草屋不加修葺，吃饭用
土罐，喝水用土钵，即便是看门的保安过得也不会如此寒酸。
大禹亲自拿着筑墙的杵和挖土的锹，开凿龙门，为大夏民族疏

通河道，治理水渠，将洪水引入大海，以致小腿上的汗毛都被磨光，手掌和脚底都结出厚厚的老茧，面目黝黑，即便贴再多面膜都无法变白，最后累死在野外，奴隶恐怕也没有他这般辛苦！凡是无上尊贵而统治天下的人，就应该随心所欲。帝王的工作就是严明法纪，让臣民不敢为非作歹，这样才能永久地统治天下。像尧、舜、禹这样的君主，虽然贵为帝王，却亲自劳作，顺从百姓，还有什么法治可言呢？"

李斯等人一阵扎心。

秦二世继续说道："圣人统治天下，就会让万事万物来满足自己的欲望，这样才能显现出帝王的尊贵。如果一个人连生活过得都不能称心如意，又怎么能指望他心无旁骛地治理天下呢？所以我想既能随心所欲，又能永远享有天下。但我虽贵为万乘之君，却没有万乘之实，我要制造一千辆马车，配备一万名随从，来匹配我这万乘之君的称号。"

李斯万万没有想到秦二世竟然昏庸到即便回炉再造都无药可救的地步，回想起"沙丘宫变"，不觉一阵心寒。

秦二世扫视了李斯等人一眼，责备道："先帝以诸侯之身，兼并天下，并抵御四方夷狄，使天下安定，边境安宁，所以才会大肆修建宫殿，来彰显自己的功业。而今，我才继位两年，就盗贼并起，你们不但不能平叛，反而还想废除先帝未竟的事业，你们是不是脑子被驴踢了？"

李斯等人羞愧难当地勾下头，沉默不语。

秦二世的脸色陡然变得扭曲起来，朗声呵斥道："你们既无法报答先帝，又无法为我尽忠，凭什么身居高位?"转而对身边的甲士吩咐道，"全都给我下狱，交给郎中令赵高治罪!"

看着李斯等人被拖出大殿，秦二世与赵高相视一笑。

魔高一尺，道高一丈

身陷囹圄，还要被一帮不配提鞋的小吏欺凌，简直是奇耻大辱。右丞相冯去疾、大将军冯劫哪里受得了这般凌辱，于是双双自杀。

李斯却没有自杀，因为他还不想死。

死了，奋斗了大半辈子才得到的功名利禄瞬间将化为灰烬。他不甘心，更不甘心被一个太监玩死。

唯有活着，才有希望；唯有活着，才能反击。所以，他选择屈辱地活下来。

赵高想屈打成招，所以变着法地折磨李斯，但李斯始终不肯招供。

李斯死到临头对秦二世竟然还心存幻想，因为他自恃对大秦帝国功不可没，所以奢望着哪天秦二世万一遭雷劈、被车撞突然就醒悟过来赦免了他呢！不过，现实却是秦二世与赵高早已沆瀣一气，恨不得除之而后快。

赵高见李斯像茅坑里的石头，又臭又硬，阴阳怪气地对狱吏吩咐道："让他感受一下，是他的骨头硬，还是我们的皮鞭硬！"

狱吏一顿臭揍，把李斯打得皮开肉绽。

李斯当时已经七十六岁了，实在吃不消，只好承认自己有罪，并且有"七宗罪"：

我当丞相，治理万民，已经有三十余年了。初来秦国之时，秦国的疆域还很狭小。先王当政时，秦地不过千里，士兵不过数十万。我竭尽绵薄之力，谨守法令，暗中派遣谋臣，资以金玉，让他们替秦国游说列国诸侯。又暗中修缮兵甲，整顿政务，提拔勇士，大封功臣，给予高官厚禄，终以胁迫韩国，削弱魏国，攻破燕赵，诛灭齐楚，兼并六国，俘虏了他们的君王，拥立先帝称帝。这是我的第一宗罪。

虽然兼并了六国，但秦地并不辽阔。我又辅佐先帝驱逐胡人、貉人，向南平定百越，来彰显秦国的强大。这是我的第二宗罪。

尊重功臣，提高他们的爵位，以此来巩固他们与先帝的君臣关系。这是我的第三宗罪。

我为国家建立社稷，修建宗庙，借以彰显先帝的贤明。这是我的第四宗罪。

更改尺子容器上的刻度，统一度量衡和文字，并颁布天下，来树立秦国的威名。这是我的第五宗罪。

修建驰道供皇帝的车马行走，修建娱乐场所供皇帝玩乐，来彰显皇帝的志得意满。这是我的第六宗罪。

减轻刑罚，减少赋税，为的是让皇帝赢得民心，让万民拥戴皇帝，至死都不会忘记皇帝的恩德。这是我的第七宗罪。

最后，李斯又打了一副苦情牌，说："像我李斯这样的大臣，所犯的罪足够拉出去砍一万次了！但陛下可怜我，希望让我尽一些绵薄之力，所以我才能苟活到现在。还希望陛下能法外开恩，给留个活口！"

李斯的"认罪书"被赵高截获了。赵高一看，这哪里是认罪啊，分明是在向陛下表功！一不做二不休，一把火将李斯的信烧了。

赵高见李斯仍做困兽斗，为防止夜长梦多，先后派十余人伪装成御史、谒者、侍中轮流审讯李斯。只要李斯不承认自己有谋反之罪，就派人对其进行严刑拷打，打得他认罪为止。

审讯期间，李斯也不消停，时常翻供，否认自己有谋反之举，赵高继续派人对他进行严刑拷打，直到他不再翻供。

为了免受皮肉之苦，李斯学乖了，每次再有人提审他的时候，他就承认自己有谋反之心。

赵高见时机已经成熟，立刻怂恿秦二世派人去提审李斯。李斯哪里知道这次才是秦二世真正派去审查他的人，所以依旧承认自己有谋反之罪。

秦二世拿到李斯的认罪书后，大为喜悦。他对赵高感激道："要不是赵爱卿，我恐怕就要被李斯这个老家伙给出卖了！"此后，秦二世更加宠信赵高了。

承认谋反，无异于自杀。李斯似乎早已意识到自己的结局，所以悲叹道："唉，实在太扎心了！你说这么没脑子的昏君，谁能替他出谋划策呢！昔日夏桀残杀关龙逢，商纣王残杀王子比干，吴王夫差残杀伍子胥，这三人哪个不是忠臣？然而终究难逃一死，就是因为他们跟错了人。如今，我的智慧比不上三人，但秦二世的残暴却远远超过了夏桀、商纣王和夫差，看来我终究是要不得好死！我能够尽忠而死，也算是死得其所吧！"

想到自己辅佐秦始皇打下来的天下即将倾覆，李斯在心中暗骂秦二世道："让这个混小子治理国家，不乱天理不容！先前残杀自己的兄弟而自立，后又擅杀忠臣而重用卑贱之人，已是残暴至极。如今又大肆修建阿房宫，对天下百姓横征暴敛。身为丞相，并非我不想劝谏，而是他秦二世不听。凡是古代圣明的君王，饮食都有一定的节制，车马器械都有一定的数量，宫殿都有一定的规模，颁布法令、处理政事、增加费用时，凡是不利于百姓的一律禁止，所以国家才能长治久安。如今，他残杀兄弟，不怕遭天谴；屠戮忠臣，不怕遭殃；修建宫殿，向天下人征收税赋，毫不吝惜消费。如此一来，天下人谁还愿意归附呢？如今天下已经有一半人造反了，他还没有察觉，仍然让赵高辅佐，我早已看到反贼攻破咸阳，致使朝廷成为麋鹿嬉戏的地方了。"

李斯"认罪"后，赵高又让人编造了一套李由谋反的罪证，并上报给了秦二世。

秦二世二年（公元前208年）七月，秦二世下令将李斯腰斩于咸阳，并夷其三族。

刑场上，李斯情真意切地对二儿子说："我还想与你一同牵着老黄狗到上蔡东门去追逐狡兔，但又怎么能做到呢！"言罢，李斯被刀斧手拦腰斩断。大秦帝国曾经呼风唤雨的丞相就这样成了刀下亡魂。

李斯在辅佐秦始皇兼并六国，推行郡县制，统一度量衡、文字、车轨等方面做出巨大贡献，其功勋原本可以与周公、召公相媲美，然而却因听信赵高的异端邪说，逼杀扶苏而拥立胡亥，才导致一世英名，毁于一旦，着实可惜！

智取陈留

就在项羽北上救赵之际，刘邦率军一路向西，直扑咸阳。但一路上并不顺利，好在他遇到了一个智谋不输张良的谋士——郦食其。

郦食其，陈留县高阳乡人，平时喜欢读书，但家境贫寒，整天吃了上顿没下顿。由于没有一技之长可以谋生，所以就在县里做了负责看守大门的保安。

别看郦食其只是个保安，却很狂放，就连县里的官吏豪杰都不敢招惹他，所以大家平时都叫他"狂生"。由于他平时还喜欢喝酒，所以大家又叫他"高阳酒徒"。

陈胜、项梁起兵反秦时，有数十批将领经过高阳，郦食其听说他们肚量小，喜欢繁文缛节，又自以为是，听不得大度之言，担心被人拉去做军师，就躲了起来。

后来，他听说刘邦将要攻打陈留，突然来劲了。邻居的儿子在刘邦的军中做骑士，有一次，骑士回家探亲，郦食其就对骑士说："我听说沛公这家伙傲慢无礼，总瞧不起人，却有雄才大略，这正是我想要追随的人，可惜没有人愿意替我引荐。你见到沛公时，就对他说：'我们乡里有个叫郦食其的人，有六十多岁了，身高八尺，人们都说他是狂生，但他却说自己并不狂。'"

骑士面露难色，并提醒道："老大哥，你不知道，沛公平生最讨厌的就是儒生了。他一看到戴着帽子前来求见的儒生，就立刻把人家的帽子取下来，朝里面撒尿。与儒生说话时，他还经常骂娘。你千万别以儒生的身份去见他。"

郦食其胸有成竹道："老弟，你只管照做就是了！"

骑士虽然心里没谱，但还是照做了，让他没有想到的是，刘邦竟然没有骂娘，反而还召见了郦食其。

郦食其前去拜谒，看到刘邦正叉着两条腿让两个洗脚妹帮自己洗脚。

郦食其心想，好小子，竟然比我还狂！今天我就让你见识一下什么才叫真正的狂人。

郦食其冷冷地拱了拱手，却不下拜，劈头盖脸地问道："足下是想帮秦国攻打诸侯呢，还是想帮诸侯攻打秦国呢？"

郦食其不按常理出牌，一句话把刘邦问蒙了。

刘邦愣怔片刻，破口大骂道："你这个贱儒，说的是人话吗？天下苦秦久矣，所以诸侯们才会联合起来讨伐秦国，你怎么能说我是在帮助秦国攻打诸侯呢？"

郦食其斥责道："如果你真心想要联合诸侯共同讨伐无道的秦国，你就不应该如此傲慢地接待长者！"

刘邦自知理亏，连忙向郦食其赔罪，并穿戴整齐，请郦食其坐到上座。

其间，郦食其向刘邦讲述了六国合纵连横时所采用的谋略。刘邦听得津津有味，并向郦食其咨询道："当下我们应该怎么办呢？"

郦食其直陈利弊："你召集的乌合之众和散乱之兵，满打满算不过万人，而你却想用这点家当与秦国的虎狼之师硬拼，无异于蚍蜉撼树、螳臂当车。陈留乃天下要冲之地，四通八达，城内囤积着大量粮食。如果你想强攻，恐怕没那么容易攻破，所以只能智取！我与陈留县令关系要好，如果你派我前去，我愿为你劝降他。如果他不听，你再发兵攻打，我给你做内应，到那时何愁攻不下陈留呢！"

刘邦大喜，当即派郦食其前往陈留，自己则率军紧随其后。

郦食其见到陈留县令后，劝说道："秦国无道，所以天下人人得而诛之。如果你肯起兵反秦，可成就一番大业。如果你还想替暴秦坚守城池，恐怕迟早会身首异处……"

县令闻言，心中一惊，连忙打断郦食其："秦法严苛，莫要乱说，否则会被灭族的！先生所言，实非我意，请不要再说了！"

郦食其见陈留县令顽固不化，不再相劝，只是恳请在他家暂住一宿。县令没多想，便答应下来。

当晚，郦食其趁县令熟睡之际，斩下其项上人头，然后提着人头翻墙逃至刘邦的大营。刘邦见县令已死，立刻发兵包围了陈留。

陈留城下，刘邦手提县令头颅，向守城士兵喊话道："你们的县令已被斩杀，快快投降吧！投降不杀，最后投降者，一律处死！"

群龙无首，军心大乱。士兵们纷纷弃甲投降，刘邦不费一兵一卒拿下陈留。

为奖励郦食其，刘邦封其为广野君，封其弟郦商为大将，并统领陈留军队。

攻下陈留后，刘邦继续率军西进攻打开封，但并未攻下。随后，又与秦将杨熊战于白马、曲遇，杨熊败退荥阳，被秦二世斩杀。紧接着，又攻破了颍阳。

张良听说刘邦要从韩国故地辕辕经过，于是与韩王成一起率军投奔刘邦。

张良、韩王成见到刘邦后羞愧难当，因为二人攻略韩地数日，却一无所获。

张良在刘邦手中，可谓攻必克、战必胜，在韩王成手中却一事无成，可见，平台和上级领导对人的发展极其重要。

张良是个百年难遇的谋士，如果就这么一直跟着韩王成，实在是太糟践人了。

刘邦私下跟韩王成做了笔交易："我帮你攻略韩地，你把张良还给我！"

韩王成毫不犹豫地答应了。

刘邦一口气帮韩王成攻下十余座城池。

韩王成信守承诺，只要张良愿意跟他走，他绝不阻拦。

张良深知凭借他与韩王成的兵力，还不足以完全平定韩国，唯有依靠刘邦才行。他愿意助刘邦早日入主关中，再图韩地。

随后，刘邦便带着张良一起南下。

正当刘邦为入关无门而着急上火的时候，赵将司马卬正要渡河入关。

刘邦一看，我还没入关呢，你小子也别想入关。于是，刘邦领兵攻破了阴平，切断了渡口。

司马卬大骂刘邦："你也太不厚道了吧！我们赵军可是你们楚国的盟军呢！"

刘邦淡淡一笑："不好意思，盟军也不行！"

"先入关中者为王"，这句话刘邦每天不知道在心中默念多少遍。眼瞅着其他诸侯纷纷朝关中开进，他着急万分。然而，正是这急切称王的心情差点给他带来致命打击。

心急吃不了热豆腐

南阳郡的治所宛城是一个极其难啃的骨头。刘邦虽然数次击败南阳郡守，并占领南阳的大片土地，但却始终无法攻破宛城。

宛城不知道猴年马月才能攻破，如果一直空耗，恐怕会被他人抢先入关。

人有多大胆，地有多高产。刘邦咬咬牙，决定绕过宛城。

刚绕过宛城，张良就火急火燎地找到刘邦，忧心忡忡地劝谏说："沛公啊，你急于入关的心情我能够理解，但心急吃不了热豆腐。如今，秦军仍旧兵多将广，而且占据要害之地。如果我们现在不攻下宛城，前有强秦的阻拦，后有宛城将士的追击，我们腹背受敌，岂不是太危险了吗？"

刘邦突然意识到绕道有可能会导致全军覆没，一拍脑门，悔恨道："唉，都怪我太急功近利了！子房，你说接下来我们应该怎么办？"

张良早有对策，便回答说："为今之计，只有绕道返回，拿下宛城再说！"

一想到宛城，刘邦一阵心绞痛。沉默半晌，他有些泄气地问张良说："可我们怎样才能拿下宛城呢？"

张良胸有成竹："从其他道路返回，更换旌旗，再将宛城里里外外围上三层。"

于是，刘邦连夜折返。

南阳郡守听说刘邦前脚刚走，后脚又来了大量"新军"攻城，急得拎起剑直想抹脖子。

这时，门客陈恢拦住了他，劝说道："郡守，别这么着急投胎嘛！"

郡守一脸苦相："我要是不自己主动去投胎，只怕会被别人送去投胎！"

陈恢哈哈一笑："我有办法让郡守不必投胎！"

郡守眼前一亮，连忙哀求道："先生，救我啊！"

陈恢胸有成竹道："郡守只管放心，我不但可以让你活命，还可以让你封侯！"说罢，告别郡守，从宛城翻墙而下，直奔敌营。

来到敌营，陈恢一看，竟然还是刘邦的大军，顿时愣住了，旋即又大笑起来。

见到刘邦后，陈恢不卑不亢道："我听说楚怀王与诸位相约，先入咸阳者为王。然而，宛城是大郡的治所，拥有数十座城池，人多粮足，官吏民众认为投降必定会被处死，所以才会拼死坚守。足下如果没日没夜地在这里围攻，士卒必定伤亡惨重。如果绕道宛城，足下必然担心宛城士兵会追击。如此一来，足下前则失怀王之约，后又有宛城之患。为足下考虑，不如招降，大封郡守，让郡守留守宛城，足下带领宛城士卒西进咸阳。其他由秦军占领的城池听到这个消息，必定望风而降。足下西进之路，便可畅通无阻！"

前番屡战不胜，今日却可以不战而屈人之兵，刘邦倒是乐观其成，当即接受招降，并封南阳郡守为殷侯，封陈恢食邑一千户，然后领着南阳的士兵继续西进。

一路上，秦将望风而降。

到达丹水时，高武侯鳃、襄侯王陵率领西陵之众投降。随后，刘邦又联合大将梅鋗攻破析县、郦县。

咸阳近在咫尺，"关中王"近在咫尺。登高遥望咸阳，刘邦激动不已。秦军已经不足为惧，于是刘邦派魏国人甯昌出使秦国，劝降秦二世，然后坐等秦二世献上降书。

第五章

灭强秦，西楚霸王分封十八路诸侯

叛秦降楚

自巨鹿兵败之后，章邯屡战屡败。

秦军节节败退，秦二世坐卧难安，多次派人责备章邯："你到底会不会打仗？不会打仗我就换人了？"

章邯心生畏惧，担心被诛，就派长史司马欣到咸阳请罪，并请求领导指示。

司马欣快马加鞭赶到咸阳，一连等了三天，但赵高始终不肯接见，也不让面见秦二世，还怀疑他们有谋逆之心。司马欣越想越恐惧，再待在咸阳，恐怕小命不保，于是连夜逃出咸阳。由于担心赵高会派人追杀，所以并没有按原路返回。

司马欣前脚刚走没多久，赵高果然就派人前去追杀，不过，他并没有找到司马欣。

司马欣回到军中，一脸委屈地对章邯汇报道："赵高独断专权，手下人很难有所作为。如果我们打了胜仗，赵高就会妒忌我们的功劳；如果我们战败，难免一死。还望将军三思！"

这时，在黄河边打鱼的陈馀抽空给章邯写了一封劝降信："昔日白起担任秦将时，向南攻破楚国的鄢郢，向北坑杀赵括的二十万赵军，攻克的城池可谓数不胜数，最终却被赐死。蒙恬担任秦将期间，北逐匈奴，开拓榆中之地数千里，最终却被冤杀于阳周。为什么会这样呢？因为功高太多，而秦国无法封赏，所以就罗织罪名将他们一一斩杀。如今，将军担任秦将三年，士兵损失的人数高达数十万，而反秦的诸侯却越来越多。那赵高向来善于进谗，眼下形势紧急，他也担心会被秦二世诛杀，势必会诛杀将军来逃避罪责，然后找人替代将军来摆脱祸患。将军长期在外领兵作战，与朝臣多有隔阂，无功会被诛杀，有功也会被诛杀。上天想要灭亡秦国，无论是智者还是蠢货都能看得出来，将军你难道还看不出来吗？如今将军在内不能直言劝谏，在外即将成为亡国之将，还妄想独立长存于世，岂不是太天真了嘛！将军为何不倒戈相向，联合诸侯，共同攻秦，然后裂地封王，南面称孤呢！这与自己引颈受戮、妻女被人奸淫哪个更好呢？"

章邯读罢书信，久久不语。

大秦帝国，这个曾经威震列国、不可一世的帝国如今已经腐烂到骨子里，即便秦始皇在世，恐怕也很难扭转乾坤！而仅仅凭借他章邯的微薄之力，又岂能力挽狂澜于既倒、扶大厦于将倾呢？

曾经，气吞山河的他认为他可以拯救这个腐朽的帝国，如今他备感力不从心。更何况如今有一把剑悬在他的头顶，让苟延残喘的他更加惶恐不安。

经过多日的反复思量，他决定向项羽妥协，并暗中派人与项羽商量投降事宜。但由于双方未能达成一致意见，最终闹得不欢而散。

见章邯不见棺材不落泪，项羽决定打到他投降为止。

项羽命蒲将军连夜领兵渡过三户，在漳水南岸安营扎寨，然后迎战秦国，结果秦军大败。项羽乘胜追击，在汙水再次大败秦军。

秦军接连失利，逼得章邯再次派人与项羽商议投降事宜。

项羽见军中缺粮，所以答应了章邯的请求。

项羽与章邯在洹水南岸的殷墟上相见。章邯见到项羽，涕泪交加地向项羽控诉了赵高的种种卑劣行径。

章邯虽然曾经逼杀项梁，却是一名难得的对手。项羽虽然生性嗜杀，有仇必报，却敬重他这个对手。

投降后，项羽封章邯为雍王，安置在楚军大营。任命司马欣为上将军，率领降军充当攻打秦军的先锋部队。

到达新安时，二十万降卒内开始出现不和谐的声音了。

昔日，诸侯军中有一批人曾经到关中服役，受到过关中吏卒的欺凌。如今秦卒投降，诸侯军中吏卒有种优越感，所以开始报复秦卒，并羞辱秦卒。

秦卒私下抱怨说："章将军欺骗我们投降于东方诸侯，倘若能够成功入关破秦，那再好不过了。倘若不能，诸侯们便会挟持我们一同返回东方，秦国必定会诛杀我们的父母妻儿！这不是得不偿失嘛！"

楚将听说后，将此事汇报给了项羽。项羽召集英布、蒲将军一起召开了一个圆桌会议。会上，项羽说："秦卒仍旧势众，如果其心不服，到达关中，必定不会听从号令，如此一来，局面就会变得极其危险，不如将他们全部坑杀，唯独留下章邯、司马欣和都尉董翳三人一起入关。"英布和蒲将军对此表示赞同。

当夜，项羽便下令将二十万秦卒坑杀于新安城南。一时间，尸横遍野，哀叫声不绝于耳。

逼杀秦二世

李斯死后，赵高被任命为中丞相，但他仍不满足，还想取代秦二世，成为帝王。唯恐群臣不从，所以想法试探一下群臣的忠心。

秦二世三年（公元前207年）八月，赵高向秦二世进献了一只鹿，却说是马。秦二世哈哈大笑道："赵爱卿，你搞错了吧？这分明是一只鹿，怎么会是马呢？"

赵高一口咬定是马。

秦二世又问群臣，群臣都说是马。

秦二世大惊，自以为冲撞了神灵，才会将马看成了鹿，于是召来太卜，给他算了一卦。

太卜解释说："春秋祭祀，为的是供奉宗庙鬼神，但陛下在斋戒时不够虔诚，所以才会鹿马不分。陛下只要再虔诚地斋戒一次就好了。"

于是，秦二世就到上林苑去斋戒。在上林苑里，秦二世也不安生，每天骑马射猎，有一次竟然还不小心射杀了一个人。

赵高假装不知，让女婿咸阳令阎乐亲自检举揭发，说不知道谁射杀了行人，随后还把尸体转移到了上林苑。

秦二世很不好意思地向赵高承认了是自己射杀的。

赵高趁机劝说道："皇帝无缘无故射杀无罪之人，这是上天所不允许的。鬼神不会接受陛下的祭祀，上天就会降下灾难，陛下最好暂时搬离皇宫，祈祷消灾之后再回来。"

秦二世二话没说，就搬出了皇宫，住进望夷宫。而他这一去，就再也没能回来，因为赵高已经决定要对他痛下黑手了。

有一天，秦二世梦到一只白虎袭击他车驾左边的骏马，并且将其咬死，秦二世醒来，非常郁闷，就找算命先生解梦。算命先生解释说："是泾水里的水神在作怪！"于是，秦二世在望夷宫斋戒，并祭祀泾水，还向泾水中投入四匹白马。

就在秦二世斋戒期间，听说反贼已经快逼近咸阳，情急之下，他派人数次斥责赵高。

赵高先前屡屡在秦二世面前说，关东只是一些盗贼，不会有什么大的作为，而今反贼猖獗，实在掩盖不住了，为担心秦二世杀他泄愤，一边称病不朝，一边决定提前对秦二世下手。

赵高骗女婿阎乐和弟弟赵成说："陛下当初不听劝谏，现在事情危急了，又要归罪于我们赵家，我们赵家恐怕将有灭族之灾。我想废掉胡亥，拥立子婴做皇帝。"

阎乐和赵成不敢忤逆赵高，勉强点头答应。

赵高让郎中令做内应，让阎乐率军诛杀秦二世。为防止阎乐倒戈，便将其母软禁在赵家。

待一切准备就绪，郎中令谎称反贼已杀入望夷宫，阎乐趁机率领一千多名甲士以护驾为名，冲进望夷宫。为防止卫令反抗，阎乐首先将卫令捆绑起来，并责问他说："盗贼闯入宫内，为什么不阻止呢？"

卫令反驳道："四周防守森严，盗贼怎么可能闯进宫呢？"

阎乐心中慌乱，二话没说，将其砍杀，然后率军冲入宫中，边走，边放箭。

宫内的郎官和宦官乱成一锅粥，有人潜逃，有人上前阻拦，结果数十人被射杀。

阎乐闯进秦二世的寝宫后，朝床上一阵乱射。不过，秦二世此刻并不在床上。

见到有人谋逆，秦二世大怒，召来左右侍从，让他们前去抵抗。但侍从个个惊恐，不敢上前。秦二世无奈，躲进室内。

秦二世对室内的一位宦官呵斥道："赵高意图谋反，你为什么不早点告诉我呢！"

宦官一脸委屈："我不敢说，所以才能活到今天。假如当初我告诉了陛下，恐怕早被陛下斩首了！"

秦二世无言以对，悔恨地闭上了双眼。

阎乐闯进内室，指责秦二世说："你骄奢淫逸，残暴无道，滥杀无辜，天下人早已背叛了你，你自己看着办吧！"

自己对赵高恩宠有加，甚至是言听计从，没想到到头来，背叛自己的竟然就是赵高。他用尽了自己所有的智商，仍旧想不通为什么会这样。他想当面问问赵高，所以就对阎乐说：

"我想见丞相！"

阎乐断然拒绝了："不可能！"

秦二世心中陡然暴怒，但见阎乐横眉怒对，手中又刀光闪闪，所以强压怒火，淡淡地说道："皇帝我也不要了，给我一个郡，我愿意到那里去做个诸侯王！"

"不可能！"

秦二世弱弱地说道："做个万户侯总行吧！"

"不行！"

秦二世顿时泄了气，苦苦哀求道："好吧，就让我和妻子儿女做个普通的百姓吧！"

阎乐冷冷道："我受命于丞相，替天下人诛杀你，你再说什么都没有用，因为我不敢上报！"言罢，吩咐士兵诛杀秦二世。

秦二世见事已至此，已经无法挽回了，所以刎颈自杀了。秦二世二十一岁继位，去世时年仅二十四岁，称帝不过三年。

子婴身世之谜

赵高逼杀秦二世后，将传国玉玺占为己有，妄图称帝。

太监也想称帝，你没有那命根子！

文武百官都不买他的账，就连老天也同样不买他的账，有几次他登上大殿时，大殿摇摇晃晃，几乎想要坍塌。

大家都不买账，这皇帝没法当！

正在赵高不知所措时，刘邦已率军杀到武关，赵高害怕了。于是，他派人与刘邦商议瓜分关中裂地称王。

刘邦担心有诈，不予理睬，继续进军。

国不可一日无君，赵高决定拥立一个傀儡皇帝。

胡亥在位期间，大肆屠杀兄弟姐妹，秦始皇的子女基本上已被屠戮殆尽，赵高没得挑，只能选择子婴。

关于子婴的身世一直备受争议，但主要有两种观点：

第一种观点，子婴是扶苏的儿子。据《史记·秦始皇本纪》记载："立二世之兄子公子婴为秦王。"意思是说，立秦二世兄长的儿子婴为秦王。东汉史学家班固等人认为这里所说的"二世之兄"就是秦始皇的长子扶苏，而"子婴"并不叫"子婴"，而叫"婴"。

这种说法虽然最为流行，却疑点重重：

疑点一，不合常理。秦始皇去世时，原本打算将皇位传给扶苏，而胡亥之所以能够继承皇位，是因为赵高、李斯篡改了诏书。胡亥继位后，为了巩固皇位，不惜残杀了十位兄弟，肢解了十二位公主。如果子婴是扶苏的儿子，就很有可能被大臣们拥立为皇帝，秦二世又岂能不斩草除根？

疑点二，年龄不符。据《史记·秦始皇本纪》记载："子婴与其子二人谋曰：'丞相高杀二世望夷宫，恐群臣诛之，乃详以义立我。'"也就是说，赵高拥立子婴继位时，子婴已经有两个儿子了，并且可以和子婴一起谋划大事了。由此推断，子婴的儿子至少已经十几岁了，甚至已经成年了，这时子婴至少也有三四十岁了。

然而，秦始皇去世时，年仅50岁。先秦时期，男子法定结婚年龄为20岁，女子法定年龄为15岁。身为帝王，为了让皇室后继有人，可以提前几年结婚生子，即便秦始皇16岁时生下扶苏，扶苏与秦始皇同一年去世，扶苏去世时最多只有34岁。假使扶苏16岁时生下子婴，扶苏去世时，子婴最多18岁，秦二世去世时，子婴最多也就21岁，怎么可能拥有两个十几岁的儿子呢？可见，子婴并非扶苏的儿子。由于扶苏是秦始皇的长子，长子所生的孩子尚且不能如子婴那般拥有两个十几岁的孩子，秦二世的其他兄弟就更加不可能是子婴的父亲了。

第二种观点，子婴是秦始皇的弟弟。据《史记·李斯列传》记载："高自知天弗与，群臣弗许，乃召始皇弟，授之玺。"《史记》又说子婴是秦始皇的弟弟，但子婴有可能是秦始皇的弟弟吗？很有可能！原因有三：

第一，年龄相符。秦始皇的父亲秦庄襄王去世于公元前247年，假使秦庄襄王去世那年子婴才出生，到秦二世去世的公元前207年，子婴至少有40岁，年龄在40岁以上的子婴完全可以拥有两个可以与其谋划大事的儿子。

第二，身份相符。秦二世继位不久，要杀蒙恬、蒙毅两兄弟，所有人都不敢劝谏，唯独子婴劝谏说："昔日，赵王迁冤杀良臣李牧而起用颜聚，燕王喜背地里指使荆轲刺杀先帝而背弃盟约，齐王建残杀忠臣而采纳后胜的计谋，这三位国君无一不是因为改变了旧有的制度而导致身死国灭的。蒙氏兄弟乃秦的忠臣、谋士，而陛下却想抛弃他们，我私下认为这是不合适的。我听说，轻率考虑问题的人不可以治理国家，独断专行的人不可以保全国君。诛杀忠臣却任用毫无节操的人会导致群臣离心，战士离德，还望陛下能够三思！"

如果是一般人，恐怕没有人敢直言不讳地说秦二世做事欠思考，还喜欢诛杀功臣，任用毫无节操的人。但如果是秦二世的叔父，他完全可以站在长辈的立场上教训秦二世，而不至于被秦二世降罪。

第三，没有被杀。皇位都是由父亲传给儿子的，如果子婴是秦二世的叔叔，也就没有必要杀他，因为他对皇位没有任何威胁，所以他才能在秦二世血洗咸阳时幸免于难。

由此可见，子婴当是秦始皇的弟弟，而非扶苏的儿子。

在赵高拥立子婴继位前，赵高向全国宣布说："秦国原本只是诸侯国，始皇帝一统天下，所以才称皇帝。如今六国复立，秦国疆土日益缩小，如果仍旧称帝，不过是空有其名，这样不合适。应当去掉帝号，仍旧称王。"

随后，赵高派人通知子婴斋戒，然后到宗庙祭拜先祖，并接受秦王玉玺。

子婴早就听说赵高想杀尽秦国宗族，然后与楚将瓜分关中，他担心赵高想以此为幌子诱他出门继而除掉他，所以不敢前往。

一味地拒绝也不是长久之计，于是子婴召来两个儿子，并与他们商议说："赵高在望夷宫杀掉二世皇帝，担心群臣诛杀他，所以才表现出一副深明大义的样子要拥立我为王。我听说他早就与楚将商量好了，由他屠灭秦国宗室，然后与他们瓜分关中，裂地为王。如今一再催促让我前往宗庙接受秦王玉玺，不过是想在宗庙里杀死我罢了。我就说我身患重病，无法前往，赵高一定会亲自来请。到那时，我们就趁机除掉他。"随后，子婴和两个儿子开始实施计划。

赵高三番五次派人请子婴到宗庙，子婴死活不去。

赵高没有办法，只好亲自前往游说子婴。结果，一到子婴家，就被埋伏在房间内的宦官韩谈砍杀。

除掉赵高后，子婴立刻前往宗庙并继位为秦王。

子婴的这个秦王不好当，因为秦二世留给他的是一个千疮百孔、风雨飘摇的大秦帝国。继位后，他立刻组织军队试图反击，但此时似乎已经为时已晚、无力回天了。

杀人关中

到达峣关时，刘邦准备派两万名士兵攻取峣关。

张良献计说："秦军仍旧强大，不可小觑。我听说峣关守将是屠夫之子，商人之家出生的人经不起利益诱惑。希望沛公留守军营，派兵先去，并准备五万人吃的食物，再在各个山头遍插旌旗，作为疑兵，然后派遣郦食其携带金银珠宝劝降峣关守将。"

峣关守将果然倒戈，并且希望能够与刘邦联合，一起杀入关中。

刘邦原本想答应，但张良却劝阻说："反叛只是峣关守将的一厢情愿，万一手下士兵都不服从，必定带来危害，不如趁他们防备松懈之际，将他们一锅端了！"

刘邦采纳了张良的计策，顺利攻破了峣关。

峣关守将率军败退至蓝田。蓝田是咸阳的最后一道屏障，倘若蓝田失守，刘邦便可以直取咸阳。

刘邦一路追击至蓝田，在蓝田与秦军大战，秦军再次战败，蓝田失守，咸阳的大门终于向刘邦敞开了。

刘邦驻军于霸上，喜笑颜开地派人劝降子婴。

子婴见大势已去，于是用绳索套着脖子，乘坐白马素车，来到咸阳城外，捧着秦王的国玺符节，向刘邦投降。

梦寐以求的时刻终于到来，刘邦激动不已地从秦王子婴手中接过传国玉玺，细细端看起来。

这块方圆四寸的玉玺用和氏璧镌刻而成，雕有巨龙，正面上还用小篆书写着"受命于天，既寿永昌"八个字。

据说，得玉玺者得天下。抚摩着这块小小的传国重器，刘邦仿佛已经触摸到了天下。

樊哙见刘邦有些失态，重重咳嗽一声。

刘邦回过神来，连忙将玉玺纳入怀中，乐不可支地扶起子婴。

众将纷纷劝说刘邦诛杀子婴，以绝后患。

刘邦却说："当初怀王派我西进攻秦，看中的就是我能宽厚待人。如今秦王已经投降，你们却劝我杀掉人家，不是想让天下人戳着脊梁骨骂我不是东西嘛！再说了，杀降不祥！秦王子婴，谁都不能杀！如果有谁敢擅自诛杀秦王，我让他给秦王陪葬！"

随后，刘邦率领众将士浩浩荡荡地开进了咸阳。称帝仅仅十五年的大秦帝国自此灭亡，而子婴在位前后不过四十六天。

秦国为什么会灭亡呢？原因有三：

第一，不施仁政。帝王可以马上得天下，却不可以马上治天下。秦始皇使用武力一统天下之后，应当施行仁政，以求得百姓的爱戴，然而他却倒行逆施，施行严刑峻法，奴役天下。

第二，丧失民心。正所谓"得民心者得天下"，但秦始皇并不懂何为民心，而他也压根儿就不在乎民心，因为他信仰武力可以解决一切。一统天下后，应当与民休息，而秦始皇不但大肆征收苛捐杂税，还不断征发苦役，修建宫殿、皇陵，致使民怨沸腾。

第三，所立非人。秦始皇驾崩后，赵高、李斯矫诏所立的秦二世，无论是文治还是武功都远不及秦始皇，但昏庸残暴却远远超越了秦始皇，才造成农民起义，并且由于自欺欺人而使得农民起义不断壮大。如果由深受百姓爱戴的扶苏继位，陈胜、吴广还能冒充扶苏发动起义吗？

刘邦的士兵进入咸阳，犹如鬼子进村，纷纷奔向府库，抢掠金银珠宝。唯独萧何跑到丞相府去收集各种法律规章和档案图书，这些资料涵盖了全国的军事布防、户籍、各地经济甚至百姓的疾苦等，为刘邦争夺天下发挥了至关重要的作用。

作为曾经的泗水亭长，刘邦哪里见过如此富丽堂皇的宫殿。当晚，被胜利冲昏头脑的他便冲进皇宫，想要留宿宫中，享受一把帝王的待遇。

这时，屠夫樊哙倒是十分清醒，他问刘邦："沛公是想得天下，还是想做个富家翁？"

刘邦只顾欣赏王宫，没搭理他。

樊哙急了："我虽然是个粗人，但也懂得正是这些奢侈华丽的东西才导致秦国灭亡的，你要它何用呢？希望沛公尽快还军霸上！"

刘邦东看看，西看看，仍旧不搭理他。

这时，张良走向前，对刘邦劝说道："正是由于秦国荒淫无道，你我今日才能来到这里。我们来此是为了替天下铲除暴政，应当以节俭为本。如今刚占领咸阳，你就开始寻欢作乐了，这不是助纣为虐嘛！忠言逆耳利于行，良药苦口利于病，希望你能够接受樊哙的劝告。"

刘邦虽然心有不甘，但还是听从两人的劝谏，回到了霸上。

在回到霸上前，刘邦召来关中的父老乡亲，并对他们说："父老乡亲们，非常惭愧，我刘邦来晚了，让你们白白受严刑峻法的统治这么久！秦法实在太严苛了，诽谤朝廷就要被灭族，议论国事就要被斩首，还有比这更残暴的法令吗？"

想到这么多年来承受的非人的压迫，父老乡亲们个个抹泪。

刘邦继续说："我与诸侯们相约，谁先进入关中，谁就在关中称王。如今我刘邦最先入关，所以理应在此称王。我今天与父老乡亲们约定，凡杀人者死，伤人及偷盗者按情节论处。其余的法令，一概废除。我率军入关，是为了替父老乡亲们铲除暴政，绝对不会有烧杀淫掠的行为，还请大家不要担心。我马上带兵返回霸上，等诸侯到来之后再做定夺。"

父老乡亲们听罢，破涕为笑，纷纷竖起大拇指，为刘邦点赞。秦地百姓非常热情地送上酒菜来犒劳楚军，刘邦却婉拒道："仓库里还有余粮，大家就不要破费了！还请大家互相转告，我们反秦起义军坚决不拿群众一针一线！"

刘邦这一套俘获民心的办法对百姓来说非常受用，深得关中百姓的爱戴，他们唯恐刘邦不在关中称王。

回到霸上，有人就劝刘邦说："秦地比天下富裕十倍有余，地势险要，易守难攻。我听说秦将章邯早已投降项羽，项羽已经封其为雍王，让他在秦地称王。他们正赶往关中，到那时恐怕秦地就没有你什么事了！如果你想占有秦地，为今之计只有征调关中士兵，严守函谷关，不放诸侯进来。"

刘邦费尽千辛万苦，一路杀到关中，不就是为了占有关中并在关中称王嘛！老大有言在先，先入关中者为王，你项羽算老几，凭什么把一个降将封在我好不容易夺取的地方呢？刘邦越想越生气，便采纳了他的建议，立刻派兵封锁了函谷关。

关中已经平定，函谷关业已封锁，刘邦这下心里踏实多了，自认为关中已经成为他的囊中之物，他只需要坐等楚怀王的册封诏书罢了。然而，他却没有意识到，一个天大的危机正向他扑面而来。

叛将曹无伤

项羽带领诸侯准备入关，探马回报说，函谷关有重兵把守。再一打探，却听说刘邦早已平定关中，并且不让诸侯入关。

项羽大怒，心想，想当初如果不是我牵制着秦国的主力军，你刘邦怎么可能轻易入关？想在关中称王，我看你做个"捡漏王"还差不多。于是，他派英布率军攻打函谷关，结果函谷关被轻易攻破。项羽继续西进，直逼咸阳。

这时，刘邦的队伍里有一位老同僚背叛了刘邦，差点要了刘邦的命，而这个人就是左司马曹无伤。

曹无伤在刘邦刚起事时就追随刘邦四处攻城略地，按理说他与刘邦应该拥有着同生共死的革命友谊，但世上没有永远的友谊，只有永远的利益，他知道刘邦不是项羽的对手，为了向项羽投诚，他向项羽告发刘邦说："沛公想在关中称王，还让子婴做丞相，秦国的珍宝美女都被他霸占了！"

项羽看完曹无伤的告发信后，更加愤怒。

亚父范增对项羽说："刘季居住在山东老家的时候，既贪财又好色。自从入关后，跟换了个人似的，看来他的野心不小哇！我让人观望他上空的云气，呈龙虎状，并且五颜六色，这是天子之气。趁着这个机会，一定要弄死他!"

项羽一拳擂在几案上，怒不可遏地回道:"我明天就去弄死他!"

当时，项羽拥有四十万大军，号称百万，个个都是精兵强将，而刘邦只有十万人，号称二十万，并且都是一帮乌合之众。项羽勇猛，而且善于用兵，无论是从兵力还是从实力上来看，如果刘项开战，刘邦必败无疑。但刘邦命不该绝，正当刘邦大军即将遭受灭顶之灾时，一个黑衣男子在夜色的掩盖下骑着快马从项羽大营急急奔向刘邦大营，而这个人正是项羽的叔父——项伯。

项伯是来报恩的，而他的恩人正是张良。

项伯见到张良，将项羽准备攻打刘邦一事如实相告，然后焦急地说:"子房，赶快跟我走吧，再不走就要被团灭了，你没有必要给刘季陪葬!"

张良倒吸一口凉气，对项伯说:"我替韩王护送沛公至此，如今沛公有难，我若逃走，实在太不仗义了! 我得给他说一声!"说罢，张良出门，径直奔向刘邦营帐，留下项伯一个人在帐内扼腕叹息。

张良将事情告诉刘邦，刘邦顿时傻了眼。

张良问道:"当初严守函谷关不让诸侯进入，是谁给你出的主意?"

刘邦懊悔道:"一个宵小之辈告诉我，只要守住函谷关，不让诸侯进入，我就能将秦地全部占为己有，并在秦地称王。"

张良继续问道："沛公认为自己的兵力足以抵挡项羽的四十万大军吗？"

刘邦羞愧难当，沉默半天，憋出两个字："不能！"

张良一拱手："请允许我替沛公告诉项伯，就说沛公不敢背叛项将军。"

刘邦连连点头，并好奇地问道："子房怎么会与项伯有交情呢？"

"秦灭六国时，项伯与我一起游玩，项伯杀了人，是我救的他。如今事情危急，所以他特意来通知我，让我赶快逃命。"

"你和项伯谁年龄更大？"

"他比我大。"

"请子房替我邀请项伯过来，我要以兄长之礼对待。"

张良转身返回营帐，叫来项伯。

刘邦好酒好菜地招待一番，还与项伯结为儿女亲家。宴席上，刘邦情真意切地说道："我自从入关以来，珍宝不敢占有，美女不敢临幸，登记官民，封存府库，就是为了等待项将军。之所以派人严守函谷关，主要是为了防备土匪强盗。我日夜期盼项将军早日到来，哪里敢忤逆项将军呢！还要劳烦项兄替我向项将军说明，我刘邦不敢背叛项将军！"

项伯看在张良的面子上答应了刘邦，但告诫刘邦说："你最好明早亲自赶往鸿门向羽儿道歉。"

刘邦点头如捣蒜。

当天夜里，项伯又快马加鞭返回楚营，径直来到项羽的大帐，先将刘邦的原话向项羽复述一遍，然后语气略带责备地说："如果不是刘邦率先攻破关中，你敢进来吗？如今人家有功，你反倒去攻打，太不仗义了。不如趁他请罪的时候，好好款待他，大家也好冰释前嫌。"

刘邦虽说破秦有功，却也并非无罪，其罪就在于错误地命人严守函谷关，不纳诸侯，只此一条，项羽就有发兵诛杀刘邦的正当理由。但项羽却同意让刘邦前来请罪，错失一次消灭刘邦的大好机会。

然而，用兵之道在于出奇制胜，在敌人毫无防备的情况下，打敌人一个措手不及。但就在项羽计划于第二天清晨发兵攻打刘邦时，项伯却夜闯敌营，并告知敌军我方军情，无异于给敌人提供了充足的应战时间。说项伯战前通敌也不为过，但项羽身为主将却不予责罚。项伯开了一个坏的头，那其他士兵会不会、能不能效仿项伯呢？如果不能，项羽不惩治项伯，又何以服众呢？

项伯战前通敌，其实也并非完全是坏事，这点想必范增看得最为通透。因为他深知，如果项羽能在刘邦前来谢罪之际除掉刘邦，岂不是不费一兵一卒就能除此大患？

惊魂鸿门宴

翌日清晨，刘邦带领一百多名骑兵从霸上匆匆赶至鸿门。他哪里知道，范增早已为他设下鸿门宴。

一见到项羽，刘邦就一把鼻涕一把泪地哭诉道："我与将军勠力攻秦，你攻河北，我攻河南，但没有想到我竟然能侥幸率先入关，并在此处见到将军。如今有小人在背后嚼舌头，致使将军与我生出嫌隙，还望将军明察！"

项羽淡淡道："是你的左司马曹无伤出卖了你，不然，我何以至此！"

项羽为何会供出曹无伤呢？很多人认为是因为项羽有勇无谋，其实最主要的原因是身为贵族的项羽向来看不起这种卖主求荣的无耻小人。

听说是曹无伤出卖了自己，刘邦在心里将曹无伤的老母问候了一千遍。

接下来，项羽设宴招待刘邦。项羽、项伯坐西朝东，亚父范增坐北朝南，刘邦坐南朝北，张良坐东朝西陪坐。古人以东向坐为最尊，其次为南向，最次为西向。

酒宴正酣，范增多次用眼神示意项羽将刘邦砍杀于席上。这事对于项羽来说太有经验了，因为他曾先后砍杀过会稽郡守殷通、卿子冠军宋义，如果项羽有杀心，刘邦必死无疑，然而项羽却对范增的示意视而不见。

范增不死心，又三番五次地示以玉玦，提醒项羽早下决断，但项羽仍旧不加理会。

此时杀刘邦，可谓杀不了吃亏，也杀不了上当，但项羽就是不动手，范增干着急，却也毫无办法。

范增无奈，走出营帐，找到项羽的堂弟项庄，并对他说："将军太过仁慈，不愿除掉刘邦。你进去祝酒，并请求为大家舞剑助兴，然后趁机将刘邦击杀于座。不然，我们都会成为他的俘虏！"

项庄胸有成竹道："放心吧，交给我！"随后，项庄提剑跟随范增走进大帐。

项庄向项羽请求道："将军与沛公饮酒，怎能没有娱乐呢！项庄恳请为大家舞剑助兴！"

项羽没多想，就答应了。

项庄舞剑，意在沛公，连项伯都看得出来。于是，项伯亦请求舞剑助兴。每当项庄想要击杀刘邦时，项伯就挡在刘邦前面，搞得项庄十分郁闷。

看着宴席上舞剑的一对叔侄，刘邦和张良不无心惊肉跳。

如果任由事情持续发酵下去，刘邦必死无疑。张良坐不住了，起身走出大帐。

樊哙见张良出来，连忙走向前，急切地问道："里面的情况怎么样了？"

张良一脸担忧："实在是太危险了。此时，项庄正在舞剑，想要击杀沛公！"

樊哙一听，立刻炸了，怒骂道："他奶奶的，这不是明目张胆地草菅人命嘛！不行，我得进去，与沛公同生共死！"

樊哙左手持盾，右手执剑，直奔项羽大帐。

门卫不让进，樊哙大怒，用盾牌将其击倒于地，然后大摇大摆地走了进去。见到项羽，樊哙瞋目而视，怒发上指，眼眶几近裂开。

项羽警惕地握紧宝剑，问樊哙道："壮士是何人？"

张良代为回答道："这是沛公的随车警卫樊哙。"

项羽对侍从吩咐道："赐酒！"

侍从搬来一大坛酒。

樊哙拜谢后，端起酒杯，一饮而尽。

项羽再次吩咐道："赐肉。"

侍从故意刁难，给樊哙扛来一大块生猪肘子。

樊哙接过生猪肘子，将盾置于地，将生猪肘子放到盾上，然后拔剑切下一大块，津津有味地嚼起来。

众人愕然。

项羽油然生出敬佩之心，拱手道："壮士，还能再喝吗？"

樊哙咽下生肉，擦了擦嘴上沾染的猪血，回道："我樊哙死都不怕，还怕喝酒不成！"

樊哙又喝了几口酒，然后对项羽说："秦王有虎狼之心，杀人唯恐不尽，用刑唯恐不严，结果搞得天下人都背叛了他。

怀王与诸将相约，先破秦入咸阳者称王。如今沛公率先攻破咸阳，花花草草不敢有所损伤，所以才会封闭宫室府库，还军霸上，就是为了迎接将军。之所以派人把守函谷关，主要是为了防备盗贼，避免发生意外。沛公劳苦功高，没有封王也就算了，将军却听信小人谗言，企图诛杀有功之人，是不是太不仗义了？难道将军要走亡秦的老路吗？"

项羽自认理亏，无言以对，沉默半晌，邀樊哙入座。

樊哙入座不久，刘邦假装尿急，然后招樊哙、张良组团撒尿。

离开后，樊哙向刘邦建议说："沛公，你还是赶快走吧，再不走恐怕会被剁成肉酱！"

刘邦犹豫不决："不向将军辞行恐怕不合适吧？"

樊哙火急火燎地劝说道："这都火烧眉毛了，你还辞个屁呀！做大事不顾细枝末节，行大礼不讲究小的谦让。如今，人为刀俎，我为鱼肉，你要是再辞行，只有等着被拉出去喂狗的份儿了！"

回想起刚才宴会上的刀光剑影，刘邦一阵肉痛。沉思片刻，他决定溜之大吉，命张良留下辞行。

刘邦对张良交代道："来时，我带了一对白璧打算献给项羽，一对玉斗打算献给亚父，但一直没有机会，你替我献上吧！"说罢，刘邦大步离开。但没走几步，又折了回来，他对张良嘱咐道："从这里到我们军营，抄小路不过二十里，等我快到军营时，你再回禀项羽。"

张良点了点头。

随后，刘邦一人骑马，樊哙、夏侯婴等四人持剑盾步行，从骊山下抄小路返回军营。

项羽左等右等，不见刘邦回来，于是命都尉陈平前去召回刘邦，但刚走出帐门就遇到了张良。

张良走进大帐，向项羽禀报说："沛公不胜酒力，不能亲自前来向将军辞行，所以他让我将白璧与玉斗分别献给将军和亚父。"随即递上白璧与玉斗。

项羽问道："沛公何在？"

张良直言不讳地回道："他听说将军有意责罚他，所以独自逃跑了。"看看外面的天色，"此时恐怕已经回到军营了。"

听罢，范增气得脸色铁青，胡子乱颤。

打发走张良后，范增再也抑制不住心中的怒火，将刘邦献给他的玉斗扔到地上，然后拔剑一击，玉斗顿时崩裂一地，口中恨铁不成钢地抱怨道："唉，项羽这小子不值得与他共谋大事！将来夺走将军天下的一定是刘邦，我们恐怕要成为他的俘虏了！"

一场杀机四伏的鸿门宴就这样被刘邦化解。

刘邦回到军中做的第一件事就是立刻诛杀了曹无伤。

项羽并没有意识到他今日的心慈手软、优柔寡断其实是在纵虎归山。他先前见证了刘邦的不堪一击，今日又见证了刘邦的卑躬屈膝，未来，活着逃回去的刘邦还将让他见证什么叫作"打不死的小强"。

大封十八路诸侯

鸿门宴后，刘邦乖乖地撤去了通往咸阳道路上所有关卡上的守卫，项羽率领诸侯们浩浩荡荡地进入了咸阳。

项羽进入咸阳的第一件事就是诛杀秦王子婴，并火烧秦宫。大火熊熊燃烧了三个月，秦国历代先君苦心建造的宫殿尽数化为灰烬。

项羽与刘邦入关后的所作所为大相径庭，令咸阳的父老乡亲大失所望，秦人无不痛恨项羽而拥戴刘邦。

正当项羽准备带着掳掠的珍宝和美女返回江东时，韩生劝谏说："关中占据山川之险，土地肥沃，可谓天府之国，如果定都于此，日后可以称帝！"

项羽见咸阳已被焚毁，再加上思念故土，所以回答说："富贵不还乡，就像穿着华丽的衣服在夜间行走，别人又怎么能看得到呢！"

心怀天下的人又怎么会一心想着炫富、拉仇恨呢？

韩生见项羽鼠目寸光，便私下嘲讽道："世人都说楚人目光短浅，活脱脱就像一只猕猴，即便戴上帽子，终究也不是人！"

有人将此事汇报给了项羽，项羽很生气，将韩生烹杀。

韩生的建议如何呢？关中为四塞之地，东有函谷关，西有大散关，南有武关，北有萧关。占据关中无异于扼住了天下的咽喉，进可以屠灭山东六国，退可以保全秦地，这也是为什么秦国可以一统天下的原因。

刘邦与诸侯争霸期间，也同样是以关中为根据地。刘邦称帝后，对于定都关中还是洛阳犹豫不决，张良曾建议说："洛阳虽然占据山河之险，城池坚固，但地域狭小，方圆不过几百里，并且土地贫瘠，容易四面受敌，并非用武之地。反观关中，东有崤山、函谷关，西有陇山、岷山，南有巴蜀之富饶，北有盛产牛马的胡地之利，凭借三面的险阻足以固守，从东方足以控制天下诸侯。诸侯顺服，就让他们从黄河、渭河向京城运送粮食。如果诸侯反叛，我们大可顺流而下运输物资。"所以，后来刘邦才决定定都关中。

可见，韩生的建议实乃上上策。

范增的眼界和智慧绝不输张良、韩生，难道他不曾想到定都关中之策吗？对此，史籍并未记载。不过，他肯定也曾想到，并且向项羽提此建议。那么，项羽为何不听范增的建议呢？刘邦曾回答过这个问题。刘邦称帝后，在洛阳南宫大宴宾客期间，曾探讨自己为什么会得到天下而项羽为什么会失去天下，他说："运筹帷幄之中，决胜千里之外，我不如张良。镇守国家，安抚百姓，提供军粮，疏通粮道，我不如萧何。统率百万大军，战必胜，攻必克，我不如韩信。这三个人都是天下豪杰，能为我所用，所以才能得到天下。项羽只有一个范增，却不能为其所用，所以才被我所擒。"

如果项羽在鸿门宴听从范增的建议杀掉刘邦，又何来的楚汉相争？即便鸿门宴不杀刘邦，如果项羽对范增言听计从，又怎么会轻易失去天下呢？此为后话。

秦朝既已灭亡，接下来就要论功行赏了。

于是，项羽派人通报楚怀王，并请示如何分封诸将。

楚怀王只回复了他四个字：按约定办！

如果按约定办，刘邦应当在关中称王，而他项羽什么都得不到。但问题是，项羽也想称王，这该咋办呢？

项羽心一横，决定自己分封天下。

项羽先强行尊楚怀王为义帝，然后对诸将说："最初起事时，为便于铲除暴秦，不得不暂时拥立六国诸侯的后裔为王，但真正披甲上阵，风餐露宿，耗时三年屠灭秦朝的却是诸将和我。义帝毫无功劳，应当瓜分他的土地，分封给大家。"

听说要裂地封王，诸将无不拍手称快，纷纷表示赞同。

楚怀王听说这帮强盗要瓜分自己的土地，差点给气背过去。

当初，大伙打着他家的旗号起义，现在得到天下后却过河拆桥，实在太不是东西了！但慑于项羽的强大，楚怀王也只能选择忍气吞声。

公元前206年正月，项羽先大封十八路诸侯后，自封为西楚霸王，统治九个郡，并建都彭城。

项羽原本不想分封刘邦，但如果不按照"怀王之约"分封刘邦，难免人心不服，导致诸侯背叛，于是他与范增私下商量说："巴蜀之地道路险峻，过去是用来流放罪犯的地方。我们就一口咬定巴蜀就是关中，将刘邦分封到巴蜀，他肯定连个屁都不敢放……他要是敢放个屁，那正好，我们就有正当理由去灭他了！"

西楚霸王硬上弓，刘邦只好认栽。

被分封到巴蜀之地虽然已成定局，但刘邦仍不忘给自己争取到最大利益：他还相中了一块鸟不拉屎的地方——汉中。

汉中南连巴蜀，北接关中，只要得到汉中，他就能图谋关中，然后与项羽一争天下。

直接向项羽讨要汉中，项羽肯定不买账，刘邦这时又想到了项伯。刘邦授意张良花重金收买了项伯，项伯这人比较实在，只要给钱就办事。

项羽听说刘邦想要荒芜偏僻的汉中，就做了个顺水人情，送给他了，免得大家说他太欺负人。

就这样，刘邦被分封为汉王，统治巴蜀、汉中，并建都南郑。

刘邦梦寐以求的关中之地则被一分为三：秦朝降将章邯被封为雍王，统治咸阳以西的地区，建都废丘；项梁曾在司马欣担任栎阳监狱长期间犯事被抓，司马欣私自放走了项梁，为感谢司马欣，项羽封其为塞王，统治咸阳以东到黄河地区，建都栎阳；都尉董翳曾劝章邯投降有功，被封为翟王，统治上郡，建都高奴。秦国故地被一分为三，因此又被合称为"三秦"。

　　在灭秦期间，被拥立为王的六国王室后裔基本上毫无战功，因此大多被改封：魏王豹被改封为西魏王，统治河东，建都平阳；赵王歇被改封为代王；齐王田市被改封为胶东王；唯有韩王成仍居旧都，建都阳翟。

　　当初被秦国灭亡的齐王建的孙子田安，在项羽渡河救赵期间，曾攻下济水北边的几座城池，并率领军队归附项羽，因此被封为济北王，建都博阳。而自立为燕王的韩广则被改封为辽东王。

　　有一批随项羽入关的将相也同样被封为王：张耳素有贤名，被封为常山王，建都襄国；瑕丘人申阳原本是张耳的部下，巨鹿之战后，率先攻下河南地区，并在黄河一带迎接项羽，因此被封为河南王，建都洛阳；赵将司马印平定河内有功，被封为殷王，建都朝歌；当阳君英布勇冠三军，被封为九江王，建都六县；英布的老丈人、番县县令吴芮曾率领南方的百越协助诸侯们一起攻秦，因此被封为衡山王，建都邾县；楚怀王的上柱国共敖曾率军攻打南郡，立下赫赫战功，被封为临江王，建都江陵；燕将臧荼跟随楚军援救赵国，因此被封为燕王，建都蓟县；齐将田都跟随项羽一起救赵，被封为齐王，建都临淄。

　　成安君陈馀与张耳决裂后弃印而去，未能跟随项羽入关，但由于他素有贤名，又对赵国有功，听说他在南皮，因此把南皮周围的三个县封给了他。不过，陈馀听说张耳被封为常山王，而自己却被封侯，心中极不平衡。

　　由于齐将田荣有负于项梁，又不肯跟随楚军攻打秦军，因此未能受封。

对于秦朝的郡县制而言，分封制是一种历史倒退。于是，很多人认为项羽是在开历史倒车，但事实真是如此吗？

其实，搞分封制在当时才是大势所趋。为啥这么说呢？因为六国反秦本来就是为了复国，项羽搞分封制只是顺应民意罢了。

但项羽为何要将"战国七雄"分割成十八个诸侯国呢？这或许正是项羽的高明之处。这样有助于削弱七国的势力，为他今后一统天下做准备。只是历史并没有给他这个机会罢了。

强秦已灭，诸侯业已得到分封，天下似乎应该归于太平了。

然而现实却并未如此，因为项羽分封不公留下的后遗症，即将把他推向万劫不复的深渊。

第六章

顾此失彼，导致后院失火

逃兵韩信

汉元年(公元前206年)四月，诸侯们各自回到自己的封国。

刘邦原有十万大军，但项羽只允许他带走三万人。

好在刘邦这人极具领袖魅力，楚国以及其他诸侯国的士兵自愿追随刘邦去汉中的竟达数万人，其中就有当时还是无名小卒的韩信。

让刘邦大为遗憾的是，张良并未随行，因为他还要继续辅佐韩王，重建韩国。

张良依依不舍地将刘邦送至褒中，临别时向刘邦献计说："大王前往南郑时，不如烧毁路上所有的栈道，一方面可以向项羽表示你没有东进的意向，另一方面还可以防止诸侯攻打巴蜀、汉中。"

刘邦当即采纳了张良的建议，走一路，烧一路。

一天深夜，有人突然闯进刘邦大帐，叫醒刘邦后，一脸焦急地汇报道："大王，不好了，萧何跑了！"

刘邦差点被惊掉下巴。

由于汉军多为东方人，不愿西去，等大军到达南郑时，多数已经逃亡，但无论谁逃亡，刘邦都不会相信萧何会逃。可是很多士兵都目睹萧何骑着快马匆匆潜逃，这让刘邦不得不信。

萧何是他的左膀右臂，没了萧何，他独木难支。

没想到萧何竟然会逃，刘邦一屁股跌坐在地上，口中还不时地问候着萧何的老娘。

萧何不在，刘邦怅然若失，整日食不甘味，夜不能寐。

两天后，没想到萧何突然又回来了。

刘邦一见到萧何，既喜且怒，大骂道："你为什么要逃？"

萧何哭笑不得："我怎么会逃呢！我是去追逃跑的人。"

刘邦半是猜疑半是好奇地问："你追谁去了？"

"韩信！"

"你可拉倒吧！逃跑的将领有几十个，你不去追，你却说去追一个无名小卒，你骗谁呀！"

"那些将领遍地都是，但在这普天之下恐怕再也找不到第二个韩信了！如果大王想一辈子窝在汉中称王，自然用不到韩信，但如果想要夺取天下，非用韩信不可！"

韩信是何许人，竟然让萧何如此上心呢？

韩信，淮阴人，年轻时志向就特别远大，母亲去世时，身无分文，连安葬费都拿不出来，而他却将母亲安葬在又高又阔的地方，还发誓说将来要让周围建成一个具有一万户人家的城邑。

起初，韩信在乡里的名声并不好，因此不能被推荐做官。他不愿意种地，又不擅长经商，所以整天过着食不果腹的生活。人活着就得吃饭，因此韩信总是厚着脸皮去别人家蹭饭，搞得人们都非常厌恶他。

韩信最喜欢到南昌亭长家蹭饭，一蹭就是几个月。亭长的妻子非常厌恶他，所以总是早早吃饭。等韩信来时，却发现亭长一家已经吃过饭了。韩信明白她的意思，非常生气，从此便再也不来了。

没饭吃总不是办法，于是韩信弄来一根鱼竿，到城外钓鱼，幸运的话还能喝上一碗鱼汤，但不幸的是一连几天都没有钓上来一条鱼。

有位热心的老大娘见韩信可怜，就给韩信拿来一些饭菜，一连数十天都是如此。韩信大为感动，并对老大娘说："以后我一定会报答您的！"

老大娘很生气地回道："大丈夫连自己都养活不起，还不够丢人吗？我见你可怜所以才请你吃饭，难道还指望你报答我吗？"

听罢，韩信羞愧不已，恨不得找个地缝钻进去。

有一天，韩信在县里逛街，突然有个屠夫拦住韩信，揶揄道："别看你韩信长得人高马大，还喜欢带刀佩剑，但你其实是个懦夫。"然后他当着众人的面，迈开两条腿，双手叉腰，并羞辱道，"如果你不怕死，就拿剑刺我！如果怕死，就从我胯下钻过去！"韩信将屠夫上下打量一番，俯下身，从屠夫的胯下钻了过去。

众人捧腹大笑，都说韩信是个懦夫。

韩信对于他们的嘲笑毫不理会，站起来，拍拍身上的土，坦然离去。

对于老大娘、南昌亭长以及屠夫来说，他们万万不会想到韩信多年后竟然获封楚王。在楚国都城下邳，韩信特意召见了他们三人。韩信赐给老大娘一千两黄金，却对南昌亭长说："你是个小人，做事不能善始善终，就赏你一百钱吧！"对于屠夫，韩信不但没有惩罚他，反而让他做了中尉，并对诸将说："这是位壮士。当年羞辱我的时候，我并非不能杀了他，只是杀了他毫无意义，所以我忍受了一时的耻辱而成就了今天的功业！"此为后话。

项梁率领大军渡过淮河时，韩信曾持剑追随，在楚军中只是一个无名小卒。项梁战败自杀后，韩信又成了项羽的部下。

倘若战无不胜的项羽重用了攻无不克的韩信，又何愁不能荡平天下，登基称帝呢？

尽管心腹大将钟离眜多次向项羽推荐韩信，但项羽始终没有重用韩信，而仅仅让他做了个小小的郎中，相当于军队中的保安，平时只负责看守大门、管理车马之类的小事。

韩信一心想要逆袭，又岂会心甘情愿地做一辈子无名小卒！于是，他屡屡向项羽献计，希望得到重用，但项羽刚愎自用，从不采纳。韩信对此失望透顶。

老板太过自负，员工很难有用武之地。

韩信决定跳槽。

给谁打工才有前途呢？放眼天下，只有刘邦配做他的老板，并且能够给他施展才华的机会。于是，韩信毅然决然地舍弃了实力最为强大的项羽，而去追随遭到极端压制的刘邦。

就在刘邦归国时，韩信悄悄混进汉军，跟着刘邦奔赴巴蜀。

加入汉军后，韩信同样没有得偿所愿地得到重用。刘邦只让他做了个接待宾客的连敖。

职场连连受挫，让韩信心灰意懒。

更加不幸的是，韩信不久又与十三名士兵一起犯法被判处死刑。尚未建功立业，就要沦为刀下亡魂，韩信心有不甘。

看着十三个人被一一斩杀，韩信长叹一声。

屠刀已经挥起，韩信的人头顷刻间就要落地。

这时，滕公夏侯婴恰巧路过。

韩信灵机一动，冲夏侯婴高呼道："难道汉王不想夺得天下吗？为何却要斩杀壮士！"

夏侯婴闻声望去，发现韩信言语不凡，又相貌堂堂，立刻拦下刀斧手，并亲自释放了韩信。

夏侯婴将韩信请到自己房间，与韩信一番长谈，发现韩信果然是个军事奇才，便连忙推荐给刘邦。但刘邦并未在意，仅封韩信为治粟都尉，让他掌管军粮。

　　虽然满腹才华，但仍旧不被重用，韩信有些着急。这时，他想到了萧何。

　　在汉军中，没有人比萧何更有分量。韩信认为，只要得到萧何的举荐，汉王一定会重用。

　　韩信一连数天与萧何谈论天下大势，萧何无不啧啧称赞，但韩信却始终不见汉王重用自己。韩信已经猜到，萧何一定多次向汉王举荐过自己，只是汉王无意重用罢了。想到此处，韩信的一腔热情顿时凉了半截。看来汉王也不是个识货的主，还是另谋高就吧！下定决心后，韩信在夜色的掩护下，悄悄溜出汉营，骑上快马，逃之夭夭。

　　萧何听说韩信跑了，来不及禀报，就冲出去追。好在，追了两天两夜终于追回了韩信。

　　萧何一见到刘邦，就急切地说道："如果大王想向东发展，就必须重用韩信。如果韩信得到重用，他就会留下。如果得不到重用，他还会逃走！"

　　刘邦淡淡道："好吧，看在你的面子上，我让他做个将军！"

　　萧何苦笑："韩信看不上将军，我们肯定留不住他！"

　　刘邦叹了口气，妥协道："那就封他为大将军吧！"

　　萧何喜出望外："就这么愉快地决定了！"

　　"你把他叫来，我现在就封他为大将军！"

　　"大王一向傲慢无礼，任命大将军如同儿戏，对诸将召之即来挥之即去，这就是韩信会逃走的原因。如果大王诚心想要任命韩信为大将军，就请选择黄道吉日，斋戒沐浴，设立坛场，举行庄严的拜将仪式。"

"行行行，都依你！"

诸将听说汉王要任命大将军，无不窃喜，都认为自己会有机会，但等到正式任命那天，却发现任命的是名不见经传的韩信，众人无不惊讶。

汉中对策

刘邦任命韩信为大将军，并非出自本心，而是源于萧何的强烈推荐。拜将仪式结束后，刘邦叫来韩信，想试试他的深浅，就问道："丞相多次举荐将军，将军对寡人有什么指教吗？"

韩信反问道："大王想向东争夺天下，唯一的敌人是不是项王？"

刘邦点点头。

韩信继续问道："大王与项王相比，自认为谁更勇敢、强悍、兵力更加强大呢？"

刘邦一脸羞愧地回道："寡人远不如项王。"

韩信微微一笑，直言不讳道："我也认为大王不如项王！"

刘邦脸色铁青，眼瞅着就要骂娘。

韩信突然话锋一转："不过，项王也有很多方面不如大王！"

刘邦突然来了兴致，双眼紧盯韩信，等待下文。

韩信侃侃而谈道："项王震怒咆哮时，众人皆被吓得瘫软在地，但他却不能任用贤才良将，这不过是匹夫之勇罢了！项王待人恭敬慈爱，言语恳切，士兵生病，心疼得落泪，甚至还将自己的食物分给士兵，但等到人家立下赫赫战功，理应加

167

官晋爵的时候，他却又将印绶紧紧握在手中，直到棱角被磨掉都舍不得赐给人家，这是妇人之仁。项王虽然称霸天下，臣服四方诸侯，但他却抛弃关中而选择定都彭城，无异于舍本逐末。后来，又违背义帝的约定，将自己的亲信全部封王，诸侯们对此愤愤不平。诸侯们见项王将义帝驱逐到偏僻的江南之地，自己却定都富饶的彭城，归国后纷纷有样学样，驱逐自己的国君，占据富饶之地。楚军所过之处，无不残灭，天下人皆心怀怨恨，不愿归附，只不过暂时迫于楚军的强大才不敢反抗罢了！项王名义上虽为霸主，实际上却丧尽天下民心。看上去强大，实际上却很容易变弱。如果大王能反其道而行，任用骁勇善战的良将，何愁攻无不克、战无不胜！将天下的城池封赏给功臣，谁人敢不服从大王的命令！以正义之师的名义，再借助士兵迫切东归的愿望，何愁不能击溃敌军！"

刘邦赞赏地点了点头。

韩信继续说道："雍王章邯、塞王司马欣、翟王董翳都是秦朝降将，率领秦卒围剿起义军多年，秦卒死伤和逃亡者不计其数，后来他们又欺骗士兵投降诸侯。到达新安后，项王竟然用欺骗的手段坑杀了二十余万秦卒，唯独他们三人得以苟活。秦朝父老乡亲无不怨恨他们，恨不得将他们食肉寝皮。项羽仗着实力强大，将他们强行分封到秦地，却没有人拥戴他们。大王进入咸阳时，不但秋毫无犯，反而废除了严刑峻法，与秦朝的父老乡亲约法三章，秦人无不盼望着大王在秦朝称王。按照义帝的约定，大王理应在关中称王，关中无人不知。项王不遵守约定，将大王强行迁往汉中，秦人皆替大王愤愤不平。如今，大王举兵东进，三秦大可传檄而定。"

听完韩信的一席话，刘邦振奋不已，大有与韩信相见恨晚之意。

当天，刘邦便依照韩信之计开始部署平定三秦的相关事宜，打算随时杀回关中。

田荣反楚

项羽分封十八路诸侯时，齐国被一分为三：原齐王田市被改封为胶东王，建都即墨。齐将田都被封为齐王，建都临淄。原齐王建的孙子田安被封为济北王，建都博阳。

田市被改封为胶东王，心中大为不快。如果不听从号令，又担心项羽发难，于是他召集文武百官前来商讨对策。

没有受到分封的齐相田荣愤愤不平地大骂道："项梁我都不放在眼里，项羽算什么东西！坚决不能去胶东！"

为防止田市奔赴胶东，田荣甚至不惜扣留了田市。

有人私下对田市说："项羽凶狠残暴，如果大王不到胶东上任，恐怕会有危险！"

田市忌惮项羽，背着田荣悄悄逃往胶东。田荣听说田市逃走，非常生气，连夜带人一路追杀，最终将田市斩杀于即墨。

田荣收拾完田市，然后回军击败齐王田都，田都逃往楚国。随后，田荣又发兵攻打济北王田安，田安兵败被杀。

三齐被平定之后，田荣自立为齐王，准备以齐地与项羽相抗衡。

陈馀听说张耳回到封国就任常山王，愤愤不平道："我陈馀与张耳功劳相当，如今张耳裂地为王，而独封我为侯，项羽太欺负人了！"

等到田荣公开反叛项羽时，陈馀立刻派夏说前往齐国，借兵反楚。

夏说对田荣说："项羽主持分封极不公平，把富饶之地尽数分封给诸将称王，却把六国后裔迁往偏僻之地，你说让六国后裔找谁说理去？赵王歇招谁惹谁了，凭什么把人家改封为代王并迁往代地？希望大王能够借给我们一些兵，我们愿以南皮作为您的屏障！"

田荣正想拉帮结派对抗项羽，没想到陈馀自己送上门来。田荣慷慨地拨给了夏说一支军队。陈馀又从封地招募了一些士兵，然后发兵攻打张耳，张耳战败，仓皇逃走。

张耳前脚刚到封地不久，后脚就被陈馀赶走，还没有品尝到做诸侯王的滋味，就要亡命天涯，心情可谓极度郁闷。

站在人生的十字路口，张耳不知道该何去何从了。这时，他想到了两个人：刘邦和项羽。

刘邦年轻时，就结识了张耳，并且多次到外黄去看望张耳。两人可谓是老交情，投奔刘邦，刘邦肯定会善待他。

但他这个常山王却是项羽所封，并且项羽强大，投奔项羽，能够得到庇护。

到底是投奔刘邦，还是项羽呢？张耳很可能是天秤座，有选择恐惧症，不知道做何选择。

沉思良久，张耳对谋士甘公说："我想投奔项王，因为投奔项王比较有保障。"

甘公却反对说："汉王刚入关时，五行聚于东井（二十八宿之一），东井是秦国的分界点。天象表明，天下迟早归属于汉。我建议你去投奔汉王！"

听甘公这么一说，张耳又决定投奔刘邦了。

张耳被打跑后，陈馀收复了赵地，并迎回被改封为代王的赵王歇，复立赵王歇为赵王。赵王歇感激陈馀，便封他为代王。

赵国初立，不够强大，陈馀决定留下来辅佐赵王歇，然后任命夏说为代国相国，留守代国。

项羽听说齐、赵、代三国反叛，恼羞成怒，立刻征调精兵准备前往平叛。一场永无止境的平叛之路从此开始……

平定三秦

汉元年八月，刘邦命樊哙紧急抢修从关中到汉中一路上被他们烧毁的栈道，表示他们将从栈道打回关中。

正当章邯将所有精力都放在明修栈道的樊哙身上的时候，没想到却被韩信暗度陈仓。

陈仓遇袭，章邯回军迎战韩信，结果战败，退回好畤。在好畤两军继续交战，章邯再次战败，被迫固守都城废丘。刘邦将废丘重重包围。至此，除废丘之外，雍地基本上全被刘邦平定。

汉二年（公元前205年）初，刘邦东出，塞王司马欣、翟王董翳、河南王申阳纷纷投降，刘邦顺利地平定了三秦，拿到了原本就该属于他的关中之地。更加让刘邦喜出望外的是张良前来投奔。

张良原本打算死心塌地地追随韩王成重建韩国，为什么会在此时突然投奔刘邦呢？事实上，是项羽将张良推向了刘邦。

就在诸侯们各自归国期间，唯独韩王成未能归国，原因就是项羽痛恨张良替刘邦出谋划策，促使刘邦率先攻破咸阳，抢了他的风头，所以他将韩王成扣留并带到了彭城。这还不解气，他还将韩王成降为侯，并杀害于彭城。要不是张良跑得快，也与韩王成一道被杀。

韩王成被杀，无异于断了张良重建韩国的念想。从此以后，张良便死心塌地地追随在刘邦左右，唯刘邦马首是瞻。

刘邦得到张良，可谓如鱼得水，如虎添翼。

当天，刘邦大封张良为成信侯，并谋划一同东出讨伐楚国。

项羽听说刘邦已平定关中，非常生气，原本想亲自率军讨伐，但由于深陷齐赵两地无法抽身，所以封吴县县令郑昌为韩王，让他来抗击汉军。

为了给刘邦攻城略地争取时间，张良给项羽写信说："汉王不过只是想占有关中，兑现以前的约定，如今已经占有关中，并无东进之心。"然后，又将齐赵两国拉刘邦反楚的反书寄给项羽，并说："只有齐赵两国才想联合起来灭掉楚国！"

项羽一见反书，顿时火冒三丈，发誓不灭齐赵两国，坚决不回。为速战速决，项羽向九江王英布征调兵力，然而英布却称病不往，仅仅派了四千人前去支援。

项羽见到英布的四千援兵后，顿时被恶心到了，从此便记恨上了英布。

汉二年冬天，项羽北上到达城阳，田荣率军迎战，结果大败，逃往平阳。在平阳，田荣被百姓杀害。田荣一死，齐国已不足为惧。楚军继续北进，一直打到北海。一路上，大肆坑杀降卒，掳掠老弱妇孺，焚烧房屋，夷平城邑，齐国百姓无不怨声载道。

田荣的弟弟田横不忍齐国遭受屠戮，振臂一呼，召集了数万名士卒，反于城阳。

项羽无法脱身，只能继续留下来攻打城阳。

世人皆知项羽残暴，只要破城，全城必定不留活口，因此齐人浴血奋战，宁死不降。

项羽连攻数日，却均未能攻破。

就在项羽无暇西顾的间隙，刘邦又击败了韩王郑昌，改封韩国王室后裔韩信为韩王，由于与大将军韩信同名同姓，为了便于区分，因此称其为韩王信。

随后，刘邦在自己占领的土地上设置了陇西、北地、上郡、渭南、河上、中地以及河南各郡。

汉二年三月，刘邦从临晋关渡过黄河，魏王豹率军跟随，攻下河内，俘虏了殷王司马卬，并将其封地设置为河内郡。紧接着，一路向南，渡过平阴津，抵达洛阳。

由于项羽无暇西顾，刘邦占领三秦之地后，以关中为根据地，一路杀向关东，可谓所向披靡，无人能挡。

汉军节节胜利，实力大增，刘邦的野心也越来越大，大到认为足以与项羽抗衡，于是他开始生出灭楚之心。

弑杀义帝

到达新城时，三老董公拦住了刘邦，一把鼻涕一把泪地控诉了项羽弑杀义帝一事。

原来，项羽一直觊觎义帝的国都彭城，归国前，便找借口说："古代的帝王拥有千里之地，都居住在上游，义帝当然也应该居住在上游，怎么能屈居彭城呢！"然后，逼迫义帝迁往长沙郴县。

义帝心想，你让老子挪窝，老子就挪窝，也太没面子了吧！老子偏不，看你能把我怎么样！

项羽见义帝憋着劲跟自己对着干，一不做二不休，直接让士兵驱赶义帝。

胳膊拧不过大腿，义帝最终屈服，被狼狈地赶出了彭城。

项羽不想总有人高自己一头，便命九江王英布、衡山王吴芮和临江王共敖以护送为名，将义帝暗杀于江中。

刘邦绝对是个老戏骨，一听说义帝被杀，顿时袒露臂膀，号啕大哭起来，边哭还边骂项羽不是东西！

自古以来，兵家讲究师出有名，名正则言顺。项羽弑杀义帝无异于自掘坟墓，终于让刘邦找到了讨伐他的正当理由。刘邦哪里肯错过这个大好时机，便大张旗鼓地为义帝发丧，还哭吊三天三夜，然后通告天下诸侯，说："天下人共同拥立义帝，对他北面称臣，如今项羽竟然驱逐义帝到江南，还将他杀害，太大逆不道了。我要亲自为义帝发丧，诸侯们也都要身穿丧服。我愿调集关中所有的兵力，跟随各路诸侯讨伐杀害义帝的屠夫！"

随后，刘邦挟持了五路诸侯的兵力，共计五十六万人，浩浩荡荡地杀向了楚国。

一向只有项羽收拾别人的份儿，有人敢收拾项羽吗？活着的人中暂时还没有，除非他想死！

自信心满满的项羽，在攻打齐国时将楚国精锐尽数带走，留下一些老弱残兵镇守都城彭城。然而，就在汉二年四月，不知天高地厚的刘邦竟然率领联军一举攻破了他的老巢，还将他从全国各地掳掠来的珍宝、美女悉数瓜分，然后每天在彭城大摆筵席，饮酒作乐，有些忘乎所以。

作为一代霸王，竟然被人端了老巢，这不仅仅是打脸，还在他脸上吐了一口痰。

咽不下这口"痰"的项羽也顾不上平定齐国了，立刻率领三万精兵南下，从鲁地越过胡陵，绕道萧县，袭击汉军。

汉军不堪一击，双方早晨开战，中午就被打得溃不成军，纷纷逃往谷水、泗水，楚军斩杀了十余万人。

汉军仓皇南逃，如被狼群猎杀的羔羊，只有拼命逃亡的份儿。

楚军追击至灵璧东面的睢水上，然后强势围堵汉军，汉军不断后退，你推我搡，坠入睢水者达十多万人，尸体堆积如山，睢水几乎断流。

五十六万联军溃不成军，死的死，逃的逃。

然而，在这五十六万人中，项羽只想杀一个人，那就是刘邦。

项羽亲率大军将刘邦里里外外围了三层。

然而，刘邦命不该绝，突然狂风大作，飞沙弥漫，狂风夹杂着砂石袭向楚军，楚军大乱，刘邦趁机率领几十名骑兵杀出重围。

楚将丁公见刘邦向沛县方向窜逃，率领数百名骑兵一路追击。

刘邦等人哪里跑得过训练有素的楚国骑兵，在彭城西郊就被追上。就在楚军挥刀准备大开杀戒的时候，刘邦急中生智，朝丁公人喊道："英雄何苦要为难英雄呢？"

丁公一愣，迟疑片刻，旋即意味深长地笑了笑，引兵而还。

丁公为何不杀刘邦然后提着刘邦的人头向项羽讨赏呢？唯一能够解释的是，丁公是一个有远见卓识的人，他在赌不得民心的项羽迟早会失天下，而备受民众拥戴的刘邦迟早会得天下。他认为，如果刘邦得到天下，一定会感谢他今日的不杀之恩。可惜的是，他赌对了天下形势，却没赌对人。刘邦灭掉项羽后，丁公前去投奔，刘邦将其五花大绑地押到军营，当着三军将士的面说："丁公身为项羽的臣子，却在彭城之战私自

178

放过敌人，致使项羽失去天下！今天，我要宰了他，免得后世的臣子再效仿他！"就这样，丁公被斩杀。

刘邦原本想将沛县的家眷接往关中，但项羽哪里肯放过他！就在他奔向沛县的同时，楚军也快马加鞭奔向了沛县，并且俘虏了刘太公和吕雉。刘盈和鲁元公主由于与吕雉走散了，所以未被俘虏，在路上他们遇到了刘邦，刘邦载着他们一同逃向关中。

一路上，尽管刘邦马不停蹄，但仍然未能甩掉楚军。

楚国骑兵死追不放。

为减轻马车载重，情急之下，刘邦将儿子和女儿双双推下马车。

夏侯婴连忙下车将他们抱了上来，但又被刘邦推了下去，一连数次都是如此。夏侯婴实在看不下去了，就劝说道："事情虽然紧急，但不是还能把车子赶得更快一些嘛！怎么能抛弃自己的儿女呢！"刘邦这才没好意思再将他们推下去。

刘邦的大舅子、吕雉的哥哥周吕侯驻扎在下邑，惶惶如丧家之犬的刘邦决定去投奔他，然后再做打算。

下邑画谋

到达下邑后，刘邦痛心疾首地大骂道："堂堂五十六万诸侯联军，竟然被项羽的三万骑兵打得落花流水，这人丢得真是前无古人、后无来者！"

诸将羞愧地低下了头。

见众人不吭声，刘邦发狠道："谁要是能帮我打败项羽，我就把函谷关以东的土地全部送给他！"

诸将依旧不吭声。

张良应道："当今天下，恐怕只有韩信、英布和彭越三人可以帮助大王打败项羽。"

英布、彭越何许人也？

英布，六县人。小时候，算命先生给他看相说："你会在受刑之后称王。"成年后，英布果然犯法被判处黥刑。所谓"黥刑"，其实就是在脸上刺字，虽然刑罚不重，但在一个看脸的社会里，往往会让人丧失尊严，变得极其自卑。英布不但不以为耻，还反以为荣地对大家说："算命先生说我会在受刑之后称王，看来离我称王的日子不远啦！"

大家嘲笑他说："你要是能称王，我们把头割下来给你当夜壶！"

英布也不生气，调侃道："那我这辈子恐怕再也不用买夜壶了！"

不久，英布就被押送到骊山给秦始皇修建皇陵。骊山有几十万劳役，英布整天只和黑老大以及英雄豪杰来往。有一天，英布趁着秦军不注意，悄悄带着一帮狐朋狗友逃到了长江并做起了强盗。

俗话说，干一行，爱一行，但英布这人却是强盗界的败类，因为他一直想转行，只是苦于没有机会。不过，没多久，陈胜、吴广起义却给了他机会。他听说全国开始闹革命，立刻带着自己的一帮兄弟去见当时的番君吴芮。

番县强盗众多，吴芮在担任番县县令期间，打击强盗可谓毫不手软，强盗们听到吴芮的大名，无不闻风丧胆。不过，吴芮见到强盗头目英布时，不但没有收拾英布，反而还将女儿嫁给了他。

项梁渡过长江时，英布率军归附了项梁。项梁败亡后，英布又归项羽统领。项羽能够在巨鹿之战中打败章邯，并迫使章邯投降，英布可谓功不可没，因此，在分封天下时，英布被封为九江王。

项羽视英布为心腹，所以坑杀二十万秦朝降卒以及击杀义帝等重大事件皆交与英布。在征讨齐王田荣期间，项羽曾向英布征兵，英布托病推辞，项羽并没有责罚英布。要是别人，项羽那火暴脾气早就上来了。就在刘邦攻破彭城之际，英布又托病不去救援楚国，项羽也只是派使者将其责备一番。尽管英布这人不仗义，但项羽仍旧想要亲近并重用他，所以并没有攻打他。

彭越，昌邑人，主业是强盗，副业是打鱼。陈胜、吴广起义时，有人劝彭越说："英雄豪杰纷纷站出来革命了，你为啥不效仿他们，带领兄弟们干他一票呢？"

彭越说："龙虎相斗这才没多久，你急个毛啊！先看看形势再说！"

这一看就是一年多。

有一天，一百多号年轻人急慌慌地找到彭越，并对他说："我们打算干革命，但缺少一个首领，你来干吧！"

彭越想试探一下这帮小强盗干革命的决心，就拒绝说："你们这帮人怎么看怎么不像干革命的！跟你们一起干，迟早要玩完！只要我眼不花，耳不聋，脑子不进水，我是不会跟你们一起干的！"

众人好说歹说，嘴皮子都快磨破了，彭越这才妥协说："既然你们让我当这个首领，我就勉强为之。明天太阳出来的时候到山坡上集合，迟到的一律斩首。"

强盗们大多懒散惯了，毫无纪律可言。到了第二天太阳出来的时候，有十几个人迟到，甚至有一个人直到中午才到。

彭越很抱歉地说："我原本不想当这个首领，但你们执意让我当。昨天约定好日出集合，迟到者一律斩首，但今天仍然还有很多人迟到。不能全部都杀了，那就杀最后来的那一位吧！"

众人嬉笑着劝说道："哎呀，老哥哥，迟到就要杀人，这玩得未免有点大了吧！下次大家保证不再迟到就是啦！"

彭越毫不理会，直接处死了那个人。

众人大为震惊，从此开始畏惧起彭越来。

随后，彭越设立坛场，并用死者人头祭天，然后带着一百来号人去攻城略地。很快，他们的队伍发展到了一千多人。

刘邦进攻昌邑时，彭越曾经派兵援助过他，但没有攻克。后来，刘邦率军西进攻打关中，彭越就率军驻扎在巨野。项羽分封诸侯时，彭越的部队虽然已经发展到一万多人，但没有归属。后来，齐王田荣反叛项羽，授予彭越将军大印，让他攻打楚军。项羽命大将萧公角率军迎战，结果被彭越击败。彭越从此便与项羽结下了梁子。

张良向刘邦推荐的三个人中，韩信已归属刘邦，完全听从刘邦的调遣。彭越也已公开反对项羽，很容易拉拢。可英布毕竟没有与项羽撕破脸，想要撺掇英布叛楚，恐怕没那么容易！

刘邦对此也心知肚明。

自彭城大败之后，老爹老婆被俘，诸侯们又纷纷叛汉降楚，刘邦感觉自己点太背，简直背到喝凉水都能塞牙缝、吃屎都赶不上热气腾腾的！

刘邦越想越憋屈，到达虞县时，便忍不住对诸将破口大骂道："我要你们这帮废物何用？简直不配与我谋划天下！"

诸将羞愧难当。

谒者随何淡淡一笑，走到刘邦跟前，问道："不知道大王所指何事？"

刘邦白了他一眼，言语不屑地回答道："谁要是能为我出使淮南，劝英布起兵反楚，牵制项羽几个月，我就能夺取天下！"

随何哈哈大笑起来，笑得刘邦和诸将面面相觑。

刘邦瞪了随何一眼，问道："敢问先生，笑点何在呀？"

随何胸有成竹道："不就这点小事嘛！随何愿意效劳！"

刘邦当即给随何配备了二十名随从，让他们跟随随何一起出使淮南。

一到淮南，随何就吃了个闭门羹，连英布的面都没能见到。

英布对手下人交代说，只要是刘邦的人，一概不见。

在淮南一直空耗下去也不是事儿，随何决定赌上自己与使团其他成员的二十一条命，于是他对负责接待事务的太宰说："大王之所以不肯接见我，想必是因为他认为楚军强大，汉军弱小，这也是我会出使淮南的原因。倘若使我得以面见大王，我的话说得对，难道不是大王想要听取的吗？如果我

184

的话说得不对，大王将我们二十一名汉使全部砍杀于淮南闹市，以示不会亲汉叛楚，岂不是更好？"

太宰将话原封不动地传达给了英布，英布决定会一会随何。

随何见到英布，便揶揄道："汉王恭敬地派我给大王送信，大王却拒不接见。我就纳闷了，大王与项王有那么亲近吗？"

英布苦笑道："没办法，谁让我是他的臣子呢！"

"大王和项王同是诸侯王，原本应该平起平坐，而大王却向项王北面称臣，一定是因为大王认为楚国强大，可以将国家托付给项王。然而，项王讨伐齐国时总是身先士卒，大王作为臣子，理应亲自率领淮南兵马，充当楚军先锋。然而，当项王向大王征兵时，大王拥有数万精兵强将，却只派四千人前去帮助楚国，是不是有点抠门了？这是北面称臣者应该有的样子吗？"

英布无言以对。

"汉王率领诸侯联军攻打项王的老巢彭城时，项王深陷齐地，未能脱身。大王理应调集淮南所有兵马，渡过淮河，与汉军决战于彭城下，然而大王却按兵不动，作壁上观。这是将国家托付给他人者应该有的姿态吗？"

随何三言两语，说得英布恨不得找个地缝钻进去。

随何直言不讳道："大王不过是挂着臣服楚国的空名，而暗地里却干着发展自己势力的勾当。我私下认为，这并不可取！"

英布讥讽道："那怎样才可取呢？难不成与汉王联合才可取？"

随何淡淡一笑："大王之所以没有背叛楚国，不过是认为我们汉国弱小。楚军虽然表面看起来很强大，但因为背弃'怀王之约'，又擅自诛杀义帝，而背负着不义之名，败亡只是时间问题。"

英布没有肯定，也不否定，只是低头看地，沉默不语。很显然，他听进去了。

随何再为其剖析利害道："项王自恃诛灭暴秦功盖天下，并自认为楚军骁勇善战天下无敌，因此，逐渐变得骄傲自大，目中无人。就在项王妄自尊大的时候，汉王却收拢了天下诸侯，回军驻守成皋、荥阳，从巴蜀、汉中运来粮食，深挖壕沟，高筑壁垒，分兵把守要塞。楚军想要撤军，中间有梁地阻隔。深入敌国八九百里，想要战却又无法战胜，想要攻城却又无力攻破，想要运送粮草却要奔袭千里，这样的仗项羽能打赢吗？即便楚军杀到成皋、荥阳城下，汉军坚守不出，楚军进无法攻破，退又会遭到追击，又岂能奈何得了汉军？大王怎么能将国家托付给这样的楚军呢？"

英布微微点了点头。

"退一万步说，即便楚军击败了汉军，到那时诸侯们必定人人自危，其结果就是，诸侯们抱团取暖，共同抵抗楚军。

如今，楚国之强足以招致天下诸侯的攻击，所以我认为楚不如汉，这种形势是显而易见的！而今大王不与万无一失的汉王联合，反倒将国家托付给岌岌可危的项王，让我感到十分疑惑。"

英布嘴巴张了张，却没有发声。

"当然啦，我并不认为大王举以淮南之兵可以灭掉项王。但只要大王出兵反楚，项王必定会受到牵制。大王只需牵制项王数月，汉王足以夺取天下。"随何朝英布深深一拜，"我愿与大王一道携剑归附汉王，汉王必定裂土分封大王。到那时，大王岂止只有淮南之地呢！"

经过一番深思熟虑之后，英布决定答应叛楚联汉。不过，他希望随何暂时不要声张此事。

随何看得出英布并没有完全下定决心，还在楚汉之间摇摆。为免夜长梦多，随何决定帮英布下这个决心。

就在随何出使淮南期间，项羽的使者恰巧也在淮南，而且楚使的目的就是催促英布出兵协助楚军攻打汉军。

随何听说楚使正在居住的招待所中与英布商讨出兵事宜，他二话不说，直接冲进招待所，并坐到上席，斥责楚使说："九江王已经归附汉王，楚国凭什么催促他发兵？"

由于事发突然，一旁的英布顿时被惊得傻掉了。

楚使见事情不妙，连忙起身往外走。

随何一跃而起，蹿到英布身边，提醒英布说："大事已经商定，绝不能让楚使活着回去！"

英布陡然反应过来，拔剑冲向楚使，楚使躲闪不及，被当场砍杀。

斩杀楚使，意味着英布从此彻底与项羽决裂。决裂后，英布立刻发兵攻打楚军。

项羽听说自己一向欣赏的九江王英布叛楚降汉，既悲且怒，他立刻派大将项声、龙且发兵征讨淮南。

项声、龙且与英布大战数月，英布战败，妻儿尽数被杀，英布不得不与随何一起去投靠刘邦。

英布到达汉军营地时，刘邦正伸着腿让婢女给他洗脚。听说英布来了，直接召见英布。

英布走进营帐，一看刘邦正在洗脚，感觉自己受到了侮辱，顿时怒火中烧，后悔得想要自杀。走出营帐，来到居所，却发现帐幔、用器、饮食以及配备的侍从皆如刘邦一样奢华，又顿时喜出望外。

英布战败后，项羽派项伯收编了英布在淮南的部队。英布的心腹将领则带领数千人投奔了英布。刘邦又另外拨给英布一批士兵，然后两人一道北上，一路招兵买马，伺机攻楚。

随何策反了英布，可谓大功一件，但并未受到嘉奖。相反，刘邦在称帝之后还曾当面贬斥随何，并骂其为"腐儒"。

随何当时就不干了，愤愤不平地反问刘邦："陛下带兵攻打彭城时，项王尚未发兵攻打齐国，陛下仅仅率领五万步兵、五千骑兵，能否夺取淮南？"

刘邦迟疑片刻，摇摇头，回答说："不能。"

"陛下派我带领二十人出使淮南，我一到，陛下就如愿以偿了，可见我的功劳比五万步兵、五千骑兵还要大，但陛下为何却说我是腐儒，还说为了天下怎么能重用腐儒之类的话呢？"

刘邦无言以对，沉默半晌，讪笑道："我正在考虑你的功劳呢！"随后，便任命随何为护军中尉。

魏王豹叛汉

汉二年六月，刘邦正式册封儿子刘盈为太子，并命其驻守栎阳。与此同时，还下令凡身在关中的诸侯之子必须悉数集中到栎阳保卫太子。

此时，刘邦虽然已占据关中以及函谷关以东的大片土地，但有一个极其重要的地方他仍未攻破，那就是地处关中的废丘。

卧榻之侧，岂容他人酣睡！如果不攻破废丘，除掉雍王章邯，身在前线的刘邦恐怕很难睡得安稳。

然而，章邯拼命死守，汉军多番攻城，伤亡惨重，却始终未能攻克。

直接攻城看来是下下策，刘邦灵机一动，决定水淹废丘。大水一到，废丘士兵悉数投降。章邯一看，废丘守不住了，便刎颈自杀了。这个曾经令诸侯们闻风丧胆的大将军自此结束了他悲剧的一生。

废丘被平定，刘邦不再有后顾之忧。

为抵御强大的楚军，丞相萧何甚至不惜将关中老弱士卒一并送往前线，汉军这才逐渐有了与楚军对抗的资本。

不过，让人感到奇怪的是，正当汉军与楚军在京索之间僵持不下的时候，身在前线的刘邦却数次派遣使者慰问身在后方的萧何。

前线都在浴血奋战，后方相对而言非常安逸，浴血奋战的人为何要慰劳安逸的人呢？

只有一种可能，那就是萧何遭到了猜忌。

鲍生对萧何说："大王在前线风餐露宿，食不果腹，而你在后方锦衣玉食，大王反而多次派人慰劳你，这说明你遭到了猜忌。为你着想，不如将你们家族中能打仗的人全部送到军营效力，如此一来，大王就会更加信任你。"

萧何听从了鲍生的计策，刘邦非常高兴，果然更加信任萧何了。

不久，魏王豹请求回家探亲，但一到魏地，就立刻斩断黄河渡口，背叛了刘邦。

魏王豹为何会背叛刘邦呢？据说与魏王豹的小妾薄姬有关。"天下第一女神相"许负曾给薄姬看相说，她将来必生天子。

魏王豹心想，薄姬是自己的小妾，所生的孩子自然是自己的孩子，自己的孩子能当天子，那不就证明自己有帝王命嘛！跟着刘邦永无出头之日，所以他就干脆脱离刘邦，单干。

乍一看，这逻辑没毛病。

"天下第一女神相"许负的预言也非常准，薄姬的儿子刘恒确实当上了天子，就是汉文帝。

但是，哪里出现了问题呢？问题就出在魏王豹认定自己的老婆所生的孩子就是自己的，但他没有想到也有可能是"隔壁老王"的！此为后话。

项羽原本已让刘邦头疼不已，此时魏王豹的背叛无异于雪上加霜。

刘邦召来谋士郦食其，并对他说："你去问问魏王豹，看看他脑袋是不是被驴踢了，所以才要背叛我！如果你能劝降他，我就封你做万户侯。"

郦食其见到魏王豹，就问："大王有什么想不开的非要背叛汉王呢？"

魏王豹一脸委屈地回答说："人生一世间，如白驹过隙，活着就不能委屈了自己！而汉王傲慢无礼，又喜欢侮辱人，责骂诸侯群臣犹如责骂奴仆一般，丝毫不讲一点君臣礼节，我再也不想看见他了！"

郦食其磨破嘴皮子，也未能劝降魏王豹。

软的不行只能来硬的。刘邦立刻任命韩信为左丞相，率军讨伐魏国。

魏王豹将主力部队全部调往蒲坂，严守临晋关的交通要道，避免汉军从临晋关杀向魏国。

韩信将计就计，设疑兵，故意排开战船，佯装从临晋关强行渡河，暗中却派兵从夏阳乘木罂缻渡河偷袭安邑，杀魏王豹一个措手不及。魏王豹仓皇应战，不敌，结果被俘虏。韩信将其带回荥阳，但刘邦并未将其处死，只是除去其封国，命其驻守荥阳。刘邦在魏地设置三个郡：河东郡、太原郡以及上党郡，魏国自此灭亡。

　　魏王豹被俘虏后，小妾薄姬就被送进了汉宫中的丝织作坊。刘邦见她长得楚楚动人，就将其纳入后宫，但由于事务繁忙，所以未来得及临幸她。

　　后宫佳丽不计其数，刘邦整日"入不敷出"，而嫔妃们整日嗷嗷待哺，刘邦哪里顾得上临幸薄姬呢！所以逐渐将其淡忘了。

　　刘邦称帝后，有一天在后宫闲逛，突然听到宠妃管夫人和赵子儿哈哈大笑。刘邦询问她们为何发笑，原来她俩打小与薄姬约定，未来谁先显贵了，不要忘记另外的两个人。如今她们俩得到宠幸，而薄姬却备受冷落，所以才在私下嘲笑她。

　　刘邦可怜薄姬，当夜便召来薄姬侍寝。

　　薄姬冰雪聪明，侍奉刘邦期间，对刘邦说："昨夜我梦见一条巨龙盘踞在我的肚子上！"

　　刘邦龙颜大悦，回道："这是显贵的征兆，就让我来成全你吧！"然后，开始对薄姬行周公之礼。

　　刘邦堪比种牛，一生只临幸过薄姬一次，但这一次便让薄姬中招，并生下了未来的汉文帝刘恒。

背水一战

彭城之战前，刘邦想联合赵国攻打楚国，但辅佐赵王歇的代王陈馀给他提出一个要求：只要你杀掉张耳，赵国立即发兵！

让陈馀万万没有想到的是，刘邦竟然毫不犹豫地答应了。

没过几天，刘邦便将张耳的人头打包送了过去。

陈馀见到张耳的人头，果然信守承诺，立刻联合汉军一起攻打楚国。

彭城之战后，陈馀却猛然发现，张耳竟然还活着！原来，当初快递送来的那颗人头并非张耳的，而是一个与张耳长相极其相似的人的。

没想到自己竟然被刘邦的掉包计给耍了！陈馀很生气，从此便与汉军分道扬镳。

汉三年（公元前204年），刘邦与项羽在荥阳僵持不下，刘邦趁机命韩信、张耳率领数万士兵去攻打赵国。

陈馀听说汉军打算从井陉口攻打赵国，于是在井陉口驻扎二十万大军，随时迎战。

广武君李左车向陈馀献计说："韩信前不久渡过西河，俘虏了魏王豹，生擒了代国国相夏说，近日又在阏与一番血战。

如今想在张耳的辅助下，尽快拿下赵国。这是乘胜离国远征，此时兵锋正盛，锐不可当。然而，千里运粮，士兵就会面带饥色。临时砍柴，生火做饭，士兵就会挨饿。井陉的道路狭窄，战车不能并排行驶，骑兵不能列队行走，大部队必然绵延数百里，而粮草却被远远地落在后面。只要将军拨给我三万士兵，我从小道拦截他们的粮草，您深挖战壕，高筑营垒，坚守不战。我再出奇兵斩断他们的后路，他们求战不能，又后退不得，在荒野中掠夺不到食物，要不了十天，我就能将韩信、张耳的人头送到将军帐下。"

陈馀这个人被儒家思想洗脑洗得脑子都快进水了，不屑使用诈谋奇计，因此，对李左车说："兵法上说，兵力是敌人的十倍，就可以包围他。兵力是敌人的一倍，就可以与其决战。韩信的军队虽然号称数万，不过只有几千人罢了。我们虽然号称二十万，但至少也有十余万人。如今汉军奔袭千里来攻打我们，已经疲惫至极。我们以众敌寡，恃强凌弱，如果避而不击，等到强大的后援部队赶来，我们又该如何应对呢？小小的韩信我们都对付不了，诸侯们就会更加轻视我们，把我们当成软柿子，到那时岂不是谁想来捏就来捏？"

"自春秋伊始，再无义战，更何况是今天呢！如果不这样，恐怕我们迟早会成为韩信的俘虏！"

任李左车说得口吐白沫，陈馀就是油盐不进。

韩信派人刺探赵国军情，听说陈馀没有采纳李左车的建议，大为兴奋，这才敢率军进入井陉道。离井陉口三十里处，韩信下令安营扎寨，不再前行。

当天深夜，士兵还没来得及休整，韩信就下令攻打赵国。出发前，他挑选出两千轻装骑兵，每人配发一面汉军军旗，让他们绕道上山，然后躲藏在山中，观察赵军动向，并且交代道："赵军见我军败走，必定倾巢而出，追击我军，你们要以迅雷不及掩耳之势冲进赵军军营，拔下赵国旌旗，遍插我军旌旗。"

随即，韩信命裨将传告众将士，说："今日攻破赵军后正式开饭。"

众将士面面相觑，没有人相信几千尚未经过正规训练的老弱残兵可以击败十余万强大的赵军。

"成大事者不谋于众"，韩信知道众将士不相信，并未作任何解释。

韩信对手下军吏说："陈馀势众且占据有利地形，见不到我军大将的旌旗，必然不肯攻击我军先锋部队，是因为陈馀想要将我们一锅端，又担心我军遇到险阻就会撤退。那我们就将计就计！"于是，韩信派遣近万人为先锋部队，出井陉口，背靠泜水，排开阵势。

背水列阵，一旦战败，便无路可逃，看上去无异于让汉军前来送死。陈馀见状，捧腹大笑，并嘲笑韩信不懂兵法。

不过，果如韩信所言，陈馀并未攻打汉军的先锋部队。

天一亮，韩信便竖起大将的旌旗，大张旗鼓地穿过井陉口，来到赵军阵前。

陈馀见韩信赶来，立刻率军迎战。

两军激战良久，韩信、张耳佯装不敌，抛弃战鼓、旌旗，仓皇而逃。逃至泜水岸边的汉军阵地后，继续与赵军作战。

陈馀急于攻灭汉军，便命赵军倾巢而出。

早已埋伏在山上的轻装骑兵见赵军营地空虚，便火速冲进赵军营地，拔去赵军旌旗，遍插汉军旌旗，然后悄悄溜走。

在泜水岸边，赵军与汉军激战良久，但仍无法击败汉军。赵军士气低落，便撤军回营。一到营地，却猛然发现营地到处都是汉军旌旗，误以为汉军已经攻破赵营，并且斩杀赵国诸将，顿时大乱，作鸟兽散。

陈馀见士兵逃散，斩杀数人，但仍未能制止。

韩信见赵军大乱，与张耳率军前后夹击赵军，赵军大败，陈馀、赵王歇均被斩杀。赵国随之被平定。

汉军大胜，诸将纷纷向韩信祝贺，并说："兵法上说，排兵布阵应当右靠山岭，左傍江水，如今将军却让我等背水列阵，还说攻破赵国后再开饭，我等起初都不相信我们能战胜赵军。没想到，还真就胜了！将军可否告诉我们这是什么战术吗？"

韩信笑了笑，回答说："这也是兵法上说的，只是你们没有留心观察而已。兵法上不是说过'陷之死地而后生，置之亡地而后存'吗？大王将我的精锐士兵悉数带走，留下的大多没有经过训练，这无异于驱赶着街市上的百姓去打仗，在这种情况下，如果不把大家置之死地，使人人为保全自己而战，又岂能战胜？一旦给他们留下生路，他们就会逃之夭夭，我还怎么指望他们取胜呢？"

诸将无不佩服得五体投地。

击败赵军后，韩信特别想从赵军中得到一个人，而这个人就是曾经为陈馀出谋划策的广武君李左车。

如果当初陈馀听从李左车的计策，赵军不但不会一败涂地，甚至还能击杀韩信。

这是一个令韩信不可小觑的对手，所以韩信想要见到他，并向他请教一番。于是，韩信传令军中，凡有斩杀李左车者，斩；活捉李左车者，赏千金。

没多久，李左车就被捆到韩信面前。

韩信见到李左车，连忙为其解开绳索，并请到上座，还像对待老师一样对待李左车。

李左车也不客气，大摇大摆地走到上座坐下来。

两人寒暄一阵后，韩信直入主题："我想向东攻取齐国，向北攻取燕国，不知道先生可有妙计教我？"

李左车不屑地看了一眼韩信，气势凌人地回道："败军之将，不足以言勇。亡国之人，何敢轻言图存！如今我做了你的俘虏，哪配和你一起谋划大事呢！"

韩信微微一笑："昔日，百里奚辅佐虞国国君时，虞国却灭亡了。但后来，百里奚到了秦国，却能辅佐秦君称霸列国。这并不是因为百里奚在虞国愚蠢而到了秦国就变聪明了，而在于国君重不重用、听不听他的计策的原因！如果当初陈馀听从先生的计策，恐怕我韩信今日就成了赵军的俘虏。就是因为陈馀未能采用先生的计策，我今日才能将先生请到这里并有机会聆听先生的教导，还望先生不吝赐教！"

见韩信言语恳切，李左车仰天长叹一声，说道："智者千虑必有一失，而愚者千虑必有一得。所以古人才会说，狂夫之言，对圣人来说也有可取之处。既然你诚心实意想要听听我的建议，那我就姑且言之。"

韩信心中大喜，朝李左车拱了拱手。

李左车直言不讳道："陈馀原本拥有百战百胜的计谋，却并未采纳，以致兵败，身死泜水。然而，将军却能横渡西河，俘虏魏王豹，生擒夏说，攻克井陉道，不到一个早上的时间便击破二十万赵军，并诛杀了陈馀，可谓名扬四海，声震天下。天下百姓无不放下农具，停止耕种，静待将军的号令。然而，眼下百姓劳苦，士兵疲乏，战斗力低下，很难用于攻城略地。如果将军动用疲惫不堪的士卒去攻打严防死守的燕赵之地，且不说费时，恐怕就将军那点兵力也不足以攻破。时间一久，将军兵力不济的真相就会大白于天下，到那时将军的威势自然也会消亡。更何况，旷日持久地作战，必然会导致粮食枯竭。弱小的燕国尚且不服将军，更别说强大的齐国了。如果不能拿下燕赵两国，汉王、项王就不能分出高下。我自认为，将军攻燕伐齐是一着臭棋。"

"那我应该怎么做呢？"

"为将军计，不如休兵停战，安定赵国，抚恤孤寡，再用

199

方圆百里的百姓送来的牛肉美酒犒劳众将士，然后摆出进攻燕国的姿态，再派游士带着书信向燕国展示优势，晓以利害，燕国不敢不听从。等到燕国归服，再派使者警告齐国，齐国必定望风而降。如此一来，汉王就可以谋取天下了！用兵就应该先虚张声势，再采取实际行动。"

韩信当即采纳了李左车的建议，派人出使燕国，燕国果然归降。

韩信攻取赵国、降服燕国后，立刻派人将此事汇报给了刘邦。让众将士大惑不解的是，韩信好不容易攻下了赵国，却以镇抚赵国为名向刘邦请求立张耳为赵王。这是为什么呢？是因为韩信相中了齐国。

韩信为什么会选择齐国呢？一方面是因为与拥有五十余城的赵国相比，拥有七十余城的齐国土地更为辽阔。另一方面是因为赵国地处四战之国，东有强大的齐国，西有虎狼一般的秦国，南有彪悍的魏国，北有匈奴、林胡、楼烦等蛮族，易攻难守。而齐国位居最东部，地域辽阔，物产丰富，并且背靠大海，易守难攻。

倘若在齐国称王，进可攻，退可守，又何愁不能高枕无忧呢！

第七章

君臣失和，西楚霸王被刘邦玩得团团转

不拘一格降人才

就在韩信北上攻城略地的时候，刘邦仍与项羽在荥阳对峙。

为便于从敖仓向荥阳运送粮食，刘邦修建了一条与黄河相连的甬道，但很快便被项羽夺去。汉军缺粮，刘邦开始恐慌。

迫于无奈，刘邦派人向项羽求和，并提出荥阳以西归汉，其他地方任凭项羽处置。

由于驻扎在黄河沿岸的彭越经常带着自己的部队打游击，屡屡截获楚军的粮草，所以项羽想答应刘邦的请求，但遭到了范增的极力反对。

范增对项羽说："汉军容易对付，但如果今天大王轻易放过他们，无异于纵虎归山，日后一定后悔！"

于是，项羽开始增兵，加紧攻打荥阳。

刘邦更加恐惧，此时，他想到了一个人——陈平。

陈平，阳武县户牖乡（今河南原阳）人。年轻时，家里非常穷，与哥哥、嫂子居住在一起。哥哥陈伯知道陈平爱读书，所以揽下田里所有的活，让弟弟外出求学。

陈平身材高大，长得十分帅气，在当时被称为"美丈夫"，颜值绝不输于当代的"小鲜肉"。有人就给陈平开玩笑说："你们家那么穷，你怎么就长得如此高大魁梧呢？"

当然是因为陈家基因好了。不过，在当时陈平并不懂什么是基因，只是回以微笑。

陈平不爱劳作，又不顾家，嫂子向来看不惯他，所以就替他回答说："不过是吃糠咽菜罢了！有这样的小叔子，还不如没有呢！"

嫂子的一番话令陈平尴尬不已。

没想到这话却传到了陈伯的耳中，陈伯非常生气，立刻休掉了妻子。

由于家贫，没有人肯把女儿嫁给陈平，但陈平又耻于娶穷人家的女儿，所以一直单身。

户牖乡有一个富豪，名叫张负。张负有一个孙女，特别点背，先后嫁了五个丈夫，没有一个能够善终的。人们都说她克夫，所以没有人敢娶她。不过，陈平却想娶她，只是苦于没有机会。

说来也巧，由于家贫，陈平时常会去帮乡里人料理丧事，挣点外快，贴补家用。有一次，陈平在葬礼上遇到了张负。张负见陈平身材高大，一眼就相中了陈平。那天，张负跟陈平聊得十分投机，还用马车将陈平送回了家。

陈平家居住在城内一个偏僻的小巷子里，可谓家徒四壁，连个门都没有，平时只用破草席遮挡。然而，善于观察的张负却惊奇地发现，陈平家门外的路上有很多贵人的马车留下的车轮印。张负认定，陈平绝非等闲之辈。

一回到家，张负立刻召来儿子张仲，并对他说："我打算将孙女嫁给陈平！"

张仲一听说是陈平，便反对道："爸，你是不是老糊涂了？但凡生活能够自理的人都不愿嫁给陈平，你怎么能将你孙女嫁给陈平呢！"

"为什么不能嫁？"

"家里穷也就算了，还整天无所事事，不爱劳作，县里的人都瞧不上他！不然，他如今怎么还是个单身汉呢！"

"像陈平这种相貌堂堂的人，怎么可能贫穷一辈子呢！"张负不顾儿子的反对，执意将孙女嫁给了陈平。

知道陈平家里穷，所以借钱给陈平，让他下彩礼，还为他出钱置办婚宴。

婚礼当天，张负告诫孙女："不要因为陈平家里穷，就不好好侍奉他。对待他的大哥就要像对待自己的父亲一样，对待他的大嫂就要像对待自己的母亲一样！"

陈平是个美男子，而张负的孙女又天生丽质，尽管是个"五手货"，但也算是鲜花插在了花瓶里。

自从迎娶了张负的孙女之后，陈平逐渐变得富有起来。陈平虽然受过很长一段时间的穷，却从来不吝啬花钱，结交四方豪杰。

有一次，乡里祭祀土地神，由陈平主持分配祭肉。陈平分配得十分均匀，乡里人都称赞他说："由陈平来主持分割祭肉，实在是太公平了！"

陈平哈哈大笑，回道："假如有一天，让我来分割天下，也能像分割祭肉一样公平！"

魏王咎称王时，陈平辞别哥哥，与一批青年人到临济辅佐魏王咎。陈平原本想做个谋臣，但没想到魏王咎却任命他为太仆，让他掌管王室的车辆和马匹。尽管如此，陈平仍旧不忘向魏王咎建言献策，但魏王咎却从不采纳。这时，又有人在魏王咎面前搬弄是非，陈平担心受到惩罚，于是逃之夭夭。

项羽率军打到黄河时，陈平前去投奔项羽。项羽入关破秦时，陈平追随左右，被赐卿一级的爵位。

刘邦平定三秦时，殷王司马卬叛楚降汉，项羽封陈平为信武君，让他率领魏王咎留在楚国的士兵前去征讨。

陈平很快击败司马卬，并被任命为都尉，还获得了二十镒黄金的赏赐。

但没过多久，殷地又被刘邦攻破，项羽大怒，打算处死此前平定殷地的诸将，陈平担心被杀，就派人将官印和黄金归还项羽，然后抄小路逃离了楚营，准备投靠刘邦。

陈平乘船渡过黄河，没想到却上了贼船。

船夫怀疑陈平是逃亡的将领，身上一定藏有金玉宝器，于是打算杀掉陈平。

陈平害怕被杀，连忙脱下衣服，光着膀子帮船夫撑船。船夫见陈平一无所有，这才断了杀他的念头。

到达武修县，陈平寄居在护军中尉魏无知的家中。

魏无知素来与陈平交好，于是向刘邦举荐陈平，刘邦答应召见陈平，不过，与陈平一同被召见的还有其他六人。

刘邦请七人吃大餐。在七人吃好喝好之后，对他们说："吃完饭，就去招待所好好休息吧！"

陈平一看，完了，刘邦并不打算任用他们。

如果换作常人，可能会认命，但陈平又岂非常人！

陈平义正词严地对刘邦说道："今天，我并非来蹭饭的，而是有重要的事情要给大王说，并且所说的话不能拖到明天！"

刘邦看陈平还挺横，心中好奇，就将他一人留下来，想听听他到底能否说出个子丑寅卯来。

陈平的一番话，对刘邦很受用，句句都说到刘邦的心坎里。

刘邦一高兴，就对陈平说："你在楚军中担任什么职务？"

陈平回答："都尉。"

"从今天开始，你就是我汉军的都尉，另兼任参乘、护军。"

所谓"参乘"，就是陪乘的官员。帝王乘车出门，参乘要时常坐在王辇上陪伴在帝王左右。而"护军"主要负责监察诸位将领的一举一动。

老将们听说刘邦让一个楚国逃兵既做都尉，又做参乘、护军，顿时炸了锅！

他们私下抱怨说："区区一个逃兵，还不知道他有几斤几两，就让他同乘王辇，还让他监督我们这些老将！真不知道大王心里怎么想的！"

刘邦是一个不按常理出牌的人，听到这些闲言碎语，不但没有疏远陈平，反而更加宠信陈平。

彭城之战后，刘邦退守荥阳，任命陈平为副将，让其与韩王信一同驻扎在广武。

绛侯周勃、大将灌婴平时看不惯陈平，就在刘邦面前诋毁陈平说："陈平虽然是个美男子，但不过是个花架子而已，他胸中未必有什么真才实学。我们听说陈平是个渣男，在老家的时候，曾与嫂子通奸。侍奉魏王咎期间，魏王咎瞧不上他，所以才逃往楚国，投靠了项羽。楚国也容不下他，他这才前来投奔大王。大王非常器重他，一来就让他做了护军，然而他却接受诸将的贿赂，并且给予贿赂者很多好处。陈平就是一个反复无常的乱臣贼子，怎么能重用呢！"

刘邦没想到陈平竟然是这样的人，心中大为失望。他召来当初举荐陈平的魏无知，破口大骂道："魏无知呀魏无知，我这么信任你，你给我推荐的都是什么人哪！"

魏无知猜出有人在背后诋毁陈平，淡淡一笑，回道："我举荐的是才能，大王所问的是品行。今日倘若有尾生、孝己的品行却无益于大王争夺天下的人，大王会重用这些人吗？"

刘邦阴沉着脸，却也无言以对。

魏无知继续说："楚汉相争，我向大王举荐奇谋之士，看中的是他有定国安邦的才能。至于与嫂子通奸、接受贿赂这些鸡毛蒜皮的事，又有什么好在乎的呢！"

魏无知巧舌如簧，虽然能让刘邦口服，却无法让刘邦心服。

待魏无知退去后，心中依旧愤愤不平的刘邦又将陈平从广武召来，一见面就劈头盖脸地责备道："当初先生侍奉魏王咎不行，又去侍奉项羽，现在却来侍奉我，忠心耿耿的人能这么朝秦暮楚吗？"

陈平拱手，深深一拜，解释说："我侍奉魏王时，魏王不肯采纳我的计策，所以我才去侍奉项王。项王生性多疑，任人唯亲，所重用的人不是项氏宗亲，就是妻家兄弟，虽有奇士却不加重用，所以我才离开楚国。听说大王用人不拘一格，所以我才来投奔大王！我来时，身无分文，如果不接受贿赂，就无法生存。倘若我的计策值得被采纳，大王就用；如果我的计策不值得被采纳，钱财俱在，请允许我上缴府库，并准许我辞职还乡。"

陈平言辞恳切，句句在理，刘邦无不动容，连忙向陈平道歉，并立刻给陈平升职加薪，拜陈平为护军中尉，负责监察所有将领。

周勃、灌婴等老将没想到搬起石头砸了自己的脚，此后再也不敢在刘邦面前嚼舌头了。

如今，荥阳战事危急，项羽又不愿议和，刘邦知道陈平鬼点子多，所以就问陈平说："天下纷乱，何时才能安定呢？"

陈平回道："项王对人恭敬有加，有节操、爱礼节的士人大多喜欢归附于他，然而到了论功行赏、授爵封地的时候，他却又吝啬不已，士人因此又不愿归附于他。大王傲慢无礼，有气节节操的人都不愿归附，但大王却毫不吝啬爵位、土地，因此，很多无耻之徒都愿归附大王。大王与项羽，谁能取对方所长，补自己之短，谁就能夺取天下。"

刘邦点了点头。

"大王虽然因为爱侮辱人而得不到清廉之人的拥戴，但项羽那里也并非没有短板。项羽的骨鲠之臣不过范增、钟离眛、龙且、周殷这几个人罢了！"陈平建议道，"如果大王舍得拿出数万斤黄金，我就能离间他们君臣，让他们互相猜忌。项羽为人多疑，容易听信谗言，到那时他们内部一定互相残杀。届时，大王趁机发兵攻打，何愁不能攻破楚军！"

陈平虽然有过受贿的污点，但刘邦却毫不犹豫地拿出四万斤黄金交给陈平，并且从来不过问开支的情况。在任用陈平一事上，刘邦表现出了一个优秀的起义领袖在争夺天下时应有的胸怀。可以说，在用人方面，刘邦远胜于项羽。

事实上，刘邦的选择是对的，因为陈平没有让他失望！

巧设离间计

陈平拿到黄金后，立刻奔赴楚地，实施离间活动，而最先成为目标的是钟离眜、龙且等大将。

一到楚地，陈平便暗中用重金收买数名楚将，然后让他们在楚军中散布谣言说，钟离眜等人身为项王的大将，功勋卓著，然而却未能裂地封王，背地里却与汉王密谋，企图灭掉项王，然后瓜分楚国。

项王听闻钟离眜等人有二心，开始猜忌他们。为验明传闻，项羽派人到汉军军营打探。

刘邦以太牢之礼招待楚使。所谓"太牢之礼"，就是用牛、羊、猪三牲款待客人的礼仪。在周朝时，只有周天子才配享用太牢之礼。后来礼坏乐崩，帝王将相都可以享用太牢之礼。刘邦用"太牢之礼"招待楚使，在当时可谓最高规格。

见到楚使，两人一番交谈，这时刘邦突然"老戏骨"上身，惊讶道："我还以为你是亚父的使者呢，原来是项王的使者！"然后命人撤下所有美味佳肴，换上粗茶淡饭。

楚使心生怨恨，回去后，添油加醋地向项羽汇报一番。项羽从此又开始怀疑起范增来。

不久，范增多次劝谏项羽急攻荥阳，项羽误以为范增别有所图，所以不再采纳他的建议。

范增是何等的老谋深算，又岂会察觉不到项羽怀疑自己？让他大失所望的是，他为这个叫他一声"亚父"的人操碎了心，到头来换来的却是他的猜忌。

范增为人耿直，受不得一丝委屈，恨恨地对项羽说："天下事，大局已定，大王好自为之。范增老矣，不能再侍奉大王，请大王准许我告老还乡。"

项羽向来刚愎自用，自认为没有范增同样可以荡平天下，所以毫不犹豫地答应了范增的请求。

离开楚营的那天，项羽却没有前来送行，范增心如刀割。

坐在破旧的马车里，范增老泪纵横，不时地回望楚营。他始终放心不下勇武有余、智谋不足的项羽。

如今，他已七十三岁，时日无多。此番一别，可能无缘再见。念及于此，心中悲痛万分。

或许是由于悲不自胜，致使背上的毒疮发作，范增尚未到达彭城，便病死于途中。

范增是项羽最得力也是唯一的智囊，项羽舍弃范增，无异于自断臂膀，然而项羽却不自知。

刘邦等人听说范增病逝，暗暗松了一口气。

谋士斗智

荣阳久攻不下，让项羽十分上火，所以项羽不断地加大火力。

刘邦有种被架到火上灼烧的痛感。

荣阳眼瞅着就要沦陷，刘邦火急火燎地找到谋士郦食其，并询问他说："荣阳危在旦夕，先生有什么办法能够击退楚军吗？"

郦食其说："昔日，商汤讨伐夏桀，把夏朝的后代封在杞国。周武王讨伐商纣王，把商朝的后代封在宋国。后来，秦国不顾德义，征伐列国，灭掉六国宗亲，使他们毫无立锥之地。倘若大王复立六国后裔，授给他们印玺，其君臣必定对陛下感恩戴德，莫不仰慕大王的恩义，甘愿做大王的臣仆。待大王的德义风行天下之时，便可称霸，到那时楚国就会恭恭敬敬地俯首称臣了！"

刘邦病急乱投医，也没多想，立刻采纳了郦食其的计策，命人雕刻印绶，然后让郦食其带着印绶去分封六国后裔。

郦食其还没出发，张良出差归来。

刘邦扬扬得意地将郦食其退楚的妙计讲给张良听。

张良一听，拍案而起，怒不可遏地问道："这是谁给大王出的馊主意？大王一旦采纳，一统天下的大计恐怕就此玩完了！"

刘邦顿时被惊得目瞪口呆，待回过神来，问道："为什么这么说呢？"

张良分析说："当年商汤讨伐夏桀，并将夏朝的后代封到杞国，是因为商汤有把握能将夏桀置于死地。如今，大王能将项羽置于死地吗？"

刘邦摇了摇头。

"周武王讨伐商纣王，并封其后于宋国，是因为周武王有把握置商纣王于死地。大王能置项羽于死地吗？"

刘邦又摇了摇头。

"武王攻破殷商的都城朝歌后，在闾巷表彰商容，释放被囚禁的箕子，重修比干的坟墓。大王有资格重修圣人的坟墓，在闾巷表彰贤人，在智者面前向贤人致敬吗？"

"不能。"

"武王曾发放巨桥里的粮食，散发鹿台里的钱财，来救济穷人。大王能散发仓库里的钱粮来救济穷人吗？"

"不能。"

"灭掉商朝之后，武王立刻将战车改造为轩车，将兵器倒置并且覆盖上虎皮，向天下宣示，今后不再用兵。如今，大王能够偃旗息鼓，推行文治吗？"

"不能。"

"周武王将战马赶到华山之南，向天下宣示，不再使用。

如今，大王能抛弃战马，不再使用吗?"

"不能。"

"武王还将牛赶至桃林之北，向天下宣示，今后不再运送用于作战的粮草。如今大王能够抛弃牛，不再运送粮草吗?"

"不能。"

"天下游士离开亲友，抛弃坟墓，远离故土，跟随陛下南征北战，不就是为了能够分得尺寸之地嘛! 如今，大王想要复立六国后裔，一旦实施，天下游士就会返回故地，侍奉他们的旧主，陪伴在亲人左右，到那时，谁还会替大王争夺天下呢!"

刘邦额头冷汗渗出。

"眼下，大王只有楚国一个劲敌，倘若复立六国后裔，一旦他们重新崛起，并投靠楚国，大王又如何让他们臣服呢? 眼下的困境只是一时的，只要挺过去，迟早会守得云开见月明。"

张良的一番话，犹如当头棒喝，让刘邦胆战心惊，又醍醐灌顶。

刘邦沉默半晌，一跃而起，大骂道："唉，这个贱儒，差点坏了老子的大事!"随后，他立刻下令销毁了所有的印绶。

金蝉脱壳

甬道被楚军斩断，敖仓的粮食无法运送到荥阳，不久，荥阳开始断粮。断粮意味着荥阳迟早会被攻破。

此时，对刘邦而言，最重要的是如何逃出荥阳。

饥肠辘辘的刘邦站在城楼上，遥望四周黑压压的楚军，心情极度沮丧、绝望。这次绝望不亚于鸿门宴上的绝望。鸿门宴上项羽无心杀他，但这次项羽恨不得将他千刀万剐。

老子难不成要命丧荥阳？刘邦心有不甘。

这时，将军纪信走到刘邦面前，向刘邦献计说："如今形势十分危急，请允许我假冒大王诈降，楚军见'大王'投降，必定从四面八方蜂拥而至，届时，大王可趁机逃脱！"

刘邦眼前一亮，顿时看到了生的希望。

当天夜里，纪信穿着汉王的王服，乘坐黄屋车，率领两千名穿着盔甲的妇女，从荥阳东门出城。

一踏出城门，纪信就模仿刘邦的声音，向楚军大喊道："城内的粮食已经吃完了，汉王特来向楚军投降！"

由于楚军大多没有见过汉王，不知道汉王长什么模样，再加上天黑，辨识度低，所以没有人识破纪信。

楚军听说汉王投降，皆振奋不已，从四面八方蜂拥向东门。

刘邦趁西门防守空虚之际，带领数十名骑兵悄悄溜出荥阳，奔向函谷关。

楚军将领手舞足蹈地将"汉王"五花大绑地押到项羽面前。

项羽一看，大失所望。

项羽气愤地问道："你是谁?"

纪信不卑不亢道："汉王帐下大将纪信!"

"汉王何在?"

"这个时候恐怕已经逃走了!"

项羽暴怒，当即下令将纪信活活烧死，然后下令攻打荥阳。

刘邦离开荥阳时，命部将周苛、枞公、魏王豹把守荥阳。周苛、枞公私下商量说："怎么能与叛国之王一道守城呢!"于是，合谋杀掉了魏王豹。

不久，楚军顺利攻破荥阳，斩杀了枞公，活捉了周苛。

项羽听说周苛有两把刷子，就对周苛说："跟着我干，我封你做上将军，食邑三万户。"

周苛大骂道："瞧你那损色，还想让我投降! 没门! 你马上就要成为汉军的俘虏了，识相点，还是赶快投降吧!"

项羽很生气，把周苛扔到锅里炖了。

与项羽作战，刘邦毫无还手之力，整天被打得像狗一样到处乱窜。虽然屡战屡败，但刘邦屡败屡战。一回到关中，刘邦立刻重新组建了一支军队，准备随时杀回荥阳。

这时，袁生拦住了刘邦，并说："楚汉僵持数年，我们汉军总是被动挨打，这样总不是办法呀！"

刘邦问道："先生可有对策？"

"项羽一心想要弄死大王。只要大王兵出武关，项王必定引兵追击。大王深挖战壕，高筑营垒，坚守不战，项羽拿大王也毫无办法。如此一来，我们就能为荥阳和成皋赢得休养生息的时间！大王再派韩信等人安抚赵地，联合燕、齐二国，为楚军多树敌人。楚军多方受敌，兵力必定分散。汉军得到休养后再返回荥阳与之作战，楚军必破！"

刘邦采纳了袁生的建议，出武关后，直奔宛县。项羽得到消息后，果然率军南下追击。无论项羽如何挑战，刘邦就是闭门不战。

这时，刘邦的盟军彭越渡过睢水，击败了驻扎在下邳的楚将项声和薛公。项羽向来痛恨这个打一枪换一个地方的游击队长，于是率军前去攻打彭越。彭越知道不是项羽的对手，趁机逃之夭夭。

赶走彭越后，听说刘邦又逃到了成皋，项羽立刻率军包围了成皋。整天被刘邦牵着鼻子走，让项羽十分恼怒，于是他严令攻城，势必要在成皋将刘邦的头颅砍下来当夜壶。

原以为成皋牢不可破，但没想到在楚军凌厉的攻势下，竟然不堪一击。成皋是保不住了，刘邦心中本能地闪出一个字：逃！

多年来，他领兵打仗的本事没有见长，倒是练就了一身逃跑的本领！

在夜色的掩护下，刘邦与夏侯婴成功地逃离了成皋。但接下来去哪儿呢？这才从关中出来没多久，就被打得只剩下他们两个人。刘邦有些迷茫，人生出现了前所未有的瓶颈。

他与夏侯婴大眼对小眼地看着彼此！

突然，刘邦一拍大腿，对夏侯婴说："走，去修武！"

此刻，韩信、张耳的大军正驻扎在修武。

夏侯婴驾着马车，直奔修武。然而，到了修武，刘邦没有直接去找韩信、张耳，而是留了个心眼，在修武的宾馆住了一夜。

刘邦为什么没有直接去找他们呢？原因很简单，因为此刻他变成了光杆司令，他如此落魄地去见他们，心里没底，没准还会被干掉。

人心隔肚皮，但小心驶得万年船！

第二天一大早，刘邦自称汉王的使者，直接闯入韩信、张耳的军营，夺取了二人的印绶和兵符，并接收了二人的军队。

韩信、张耳起床后，猛然发现刘邦竟然在军营，都被惊得目瞪口呆。

两人异口同声地问道："大王，你——怎么在这儿？"

刘邦笑得十分诡异："过来借点兵！"

两人面面相觑。

当天，刘邦命张耳镇守赵地，然后任命韩信为国相，重新在赵地招募士兵，去攻打齐国。

　　得到韩信的大军后，汉军又重新振作起来。刘邦心中有了底气，就想与项羽一战，找回点颜面，但郎中郑忠却劝说道："我们用这点军队迎战项羽，不是肉包子打狗有去无回嘛！不如坚守不出，分兵深入楚地，扰乱楚军的后方。"

　　刘邦作为一个领袖，唯一的优点就是善于采纳建议，所以他立刻派发小卢绾、将军刘贾率领两万步兵、数百名骑兵渡过白马津，进入楚地，配合彭越，攻下了梁地数十座城池。

劝降齐国

刘邦整天像个跳梁小丑，被项羽打得东躲西藏。郦食其实在看不下去了，就对刘邦说："知道天之所以为天的人，可成就大业；不知道天之所以为天的人，就不可能成就大业。"

刘邦听得有些茫然，白了他一眼："说人话！"

"如果你想成就大业，就要把人民当成你的天。但人活着就得吃饭，所以民又以食为天。"

"然后呢？"

"敖仓，乃天下粮食的聚集地。这里储藏的粮食非常多，但楚军攻破荥阳后，却不坚守敖仓，反而引兵东去，令士兵分守成皋，此乃天助大王也！"

刘邦点头表示认同。

"楚军不过是纸老虎，很容易击败，但我汉军却一而再再而三地退守，反而把到手的利益拱手让出去，这也太不应该了吧？"

刘邦再次点了点头。

"一山不容二虎。楚汉僵持不下，致使天下动荡，百姓不安，农夫罢耕，女红罢工。天下人都在观望，至于心向我方，还是楚方，尚未决定！"

刘邦急切地问道："先生可有什么妙计让天下人一心向汉？"

郦食其胸有成竹道："只要大王尽快进军，收复荥阳，占据敖仓的粮食，把守成皋的险要之地，堵塞太行要道，扼住蜚狐口，控制白马津，向天下人宣示大王已经占据绝对优势，天下人就会明白该心向何处了！"

刘邦听罢，赞不绝口。

郦食其又建议说："如今，燕、赵已被平定，唯独齐国尚未拿下。齐王田广占据千里之地，齐将田间统领二十万大军，屯于历城，田氏其他宗族的势力也不容小觑。再加上，齐国背靠大海，有黄河、济水作为屏障，南边又靠近楚国，而且齐人诡计多端，大王即便派遣数十万大军去攻打，一年半载恐怕也很难拿下！我恳请大王游说齐王，让他向大王俯首称臣，让齐国做大王的藩国。"

于是，刘邦派郦食其出使齐国。

一到齐国，郦食其上来就问齐王田广："大王可否知道天下人心的归向？"

田广知道郦食其来此的目的，冷笑道："寡人不知，还请先生赐教！"

郦食其恐吓道："倘若大王知道天下人心所向，齐国就可以保全；倘若大王不知道天下人心所向，齐国恐怕就危险喽！"

田广一脸不屑道："那天下人心归向谁呢？"

郦食其毫不谦虚地回道："汉王！"

田广语带讥讽："先生怎么就看得出来天下人心都归向了汉王呢?"

郦食其解释道："汉王与项王勠力攻秦，原本约定好，先入关中者为王，结果，汉王率先入关，而项王却负约，将汉王迁至汉中。后来，项王更加丧心病狂，不但逼迫义帝迁离彭城，还暗杀了义帝。项羽为人不诚，为臣不忠，可谓民心尽失。然而，汉王听说项王弑杀义帝后，立刻发动蜀汉之兵平定三秦，东出函谷关，讨伐项羽，然后集结天下之兵，大封六国后裔，可谓仁至义尽。这些项王可比得上汉王?"

田广淡淡道："项王不如汉王。"

"每每攻破城池，汉王立刻分封有功将领，缴获财物立刻奖励给士兵。与天下同利，英雄豪杰所以皆乐为其用。诸侯的军队从四面八方蜂拥而至，蜀汉运送粮食的船只源源不断地赶来。反观项王，有背弃盟约的恶名，有弑杀义帝的不义之举。人家有功劳，他从来不记。人家犯了事，却时刻不忘。打了胜仗得不到奖励，攻城略地得不到封赏。任人唯亲，非项氏宗族之人都得不到重用。本该封侯的将领，即便刻好印绶，在手中反复把玩，都不愿授给他们。缴获财物，即便堆积如山，都不愿赏赐给士兵。所以，天下人都背叛了他，贤士都怨恨他，不愿为其所用。因此，天下豪杰才会纷纷投奔汉王，并和他坐在一起谋划天下。"

郦食其瞥了一眼田广，见他沉默不语，继续说道："汉王发蜀汉之兵，平定三秦。渡过西河，灭掉魏国，率领上党的精锐士兵，攻下井陉，诛杀了陈馀。这就如同蚩尤的军队一样，所向披靡，并非人力所为，而是上天保佑。如今，汉王已占据敖仓的粮食，把守成皋的险要之地，堵塞太行要道，扼住蜚狐口，控制白马津，天下诸侯谁最后投降谁就会最先灭亡。大王若是尽快投降汉王，齐国的社稷就可以得到保存，如果不投降，恐怕危险很快就要到来。"

田广沉默良久，最终答应郦食其投靠刘邦。

既然已经归降，田广心想，汉军断然不会再来进攻，于是便撤去了历下的防御，日日与郦食其饮酒作乐。

然而，突然有一天，醉醺醺的田广却被一个士兵匆匆叫醒。士兵告诉他，汉军刚刚攻破历下，直奔都城临淄而来，毫无心理准备的他顿时被惊得目瞪口呆。

就连尚在齐国的郦食其也同样被惊得目瞪口呆！

率军攻打齐国的正是韩信。

其实，早在攻打齐国前，韩信就听说郦食其已经成功劝降齐王，但他为什么还要攻打齐国呢？皆是因为谋士蒯通。

韩信听说齐王已经投降，便想停止进军，但蒯通却阻止说："将军奉命攻打齐国，郦食其奉命劝降齐国，齐国虽然投降，但大王下令让将军停止进攻了吗？将军怎么能擅自停止进军呢！"

乍听之下，这话没毛病。韩信无言以对。

蒯通愤愤不平道："郦食其不过是一个说客，坐着车子，凭借三寸不烂之舌，拿下齐国七十多座城池，而将军率领数万之众，打了一年多，才拿下赵国五十多座城池。您当了这么多年的大将军，难道还不如一个卑贱的儒生吗？”

田广之所以同意投降刘邦，难道真是因为郦食其口才了得吗？实际上是因为田广畏惧刚刚攻破赵国并降服燕国的韩信。韩信、蒯通难道看不出来这点吗？其实，他们都心知肚明。韩信之所以还要听从蒯通的建议攻打齐国，是因为他心中打起了自己的小算盘——齐国称王。蒯通之所以劝韩信攻打齐国，则是因为他看穿了韩信的心思。

两人一拍即合，在郦食其尚未离开齐国之际，就立刻率军攻打齐国。

田广的第一反应是：郦食其出卖了自己！

齐国众将士将郦食其五花大绑地押到田广面前。

田广怒气冲冲地对郦食其说：“今天，你要是能劝降汉军，我就饶了你！你要是劝降不了汉军，我就烹了你！”

郦食其是个硬骨头，破口大骂道：“成大事者不拘小节，道德高尚者不怕小小的指责。老子今天就是死，也不会替你说话！”

田广大怒，立刻烹杀了郦食其，然后率军向东窜逃。

第八章

英雄末路，一代霸主饮恨乌江

十宗罪

彭越、刘贾不断地骚扰楚军的后方，惹怒了项羽。项羽亲率大军击败了刘贾，赶走了彭越。得到喘息的刘邦趁机夺回了成皋、敖仓，然后驻守广武。

项羽立刻率军赶往广武，攻打刘邦。两军在广武对峙数月。

整天与刘邦玩猫捉老鼠的游戏，已令项羽厌恶至极。于是，他想到了刘邦的父亲刘太公和妻子吕雉。此时，距二人被楚军俘虏已经一年有余。

项羽在广武的楚营中架起高台，然后将刘太公绑在案板上，旁边放着一口大锅，锅下熊熊烈火燃烧着，水在锅中不断沸腾。

项羽威胁刘邦说："你要是再不投降，我就炖了你爹！"

刘邦回道："当初，我与你一道受命于怀王时，约定以兄弟相称，我爹就是你爹。如果你非要炖了你爹，别忘了分我一杯羹！"

面对这种无赖，项羽被气得哑口无言。

既然刘邦想喝用他爹做成的肉羹，项羽决定成全他。

就在这时，项伯突然跳了出来。

项伯拦住项羽，并劝说道："未来谁胜谁负还不知道呢！你现在就杀了他爹，以后怎么办呢？更何况，争夺天下的人一向都不顾家，即便杀了他爹，对我们也没有什么好处，甚至还会给我们带来麻烦！不如留着当筹码。"项羽这才断了烹杀刘太公的念头。

楚汉长期对峙，始终未能决出胜负。年轻人苦于征战，老弱妇孺疲于运输，天下人可谓苦不堪言。

于是，项羽派人告诉刘邦："这些年，天下之所以动荡不安，就是因为你我二人。为了不让天下百姓继续受苦，我愿与你一决雌雄！"

刘邦悠悠回道："你这家伙有勇无谋！我只想和你斗智，不想和你斗力！"

遭到奚落，项羽暴怒，立刻派大将到阵前挑战，但三名大将先后皆被一名叫楼烦的弓弩手给射杀。

项羽气急，亲自披甲上阵。

楼烦将弓弩对准项羽，准备将其射杀时，项羽怒目呵斥。

楼烦被项羽强大的气场吓得目不敢视，箭不敢发，只能仓皇逃回营中。

刘邦派人一打听，原来出来挑战的人竟是项羽，颇为吃惊。

这时，刘邦做出了一个很不明智的决定，那就是出来会见项羽。

项羽与刘邦隔着广武涧相见了。

项羽想要单挑刘邦，刘邦那身板又岂敢应战！

刘邦虽然打仗不行，但打"嘴炮"却是一等一的高手。他一口气列举了项羽的十大罪状：

当初我与你均受命于怀王，并约定"先入关中者为王"，我率先进入关中，但你却负约，将我分封到鸟不拉屎的汉中。这是第一条罪状！

你擅自诛杀卿子冠军宋义，自立为将军，这是第二条罪状！

你奉命北上救赵，营救完赵国，理应回去向怀王复命，然而你却擅自劫掠诸侯，一路杀向关中，这是第三条罪状！

怀王与天下诸侯约定，进入关中，绝不烧杀抢掠百姓，然而你却将财物占为己有，火烧秦宫，盗挖始皇帝的陵墓，你说你是不是盗墓书籍看多了？这是第四条罪状！

秦王子婴已经投降，然而你却强行将子婴处死。杀降，不仁不义。这是第五条罪状！

秦将章邯、司马欣、董翳率领二十万秦军投降于你，你不但将他们册封为王，还将秦卒全部坑杀，你说你还有没有一点人性？这是第六条罪状！

你把好的地方都分封给自己手下的将领，却把原来的诸侯王都迁往别处，结果导致臣子们争相背叛故主。这是第七条罪状。

驱逐义帝，霸占彭城，又擅自侵占韩王的地盘，在楚地、梁地称王，实在是太贪得无厌了。这是第八条罪状！

派人将义帝暗杀于江南，这是第九条罪状！

身为人臣，弑杀君主，残杀降卒，分封不公，背弃盟约，大逆不道，为天下正人君子所不容。这是第十条罪状！

刘邦还不解气，继续说道："我率领仁义之师，跟随诸侯诛杀残暴逆贼，派刑余之人收拾你就足够了，你有什么资格向老子挑战呢！"

遭到羞辱，项羽怒不可遏，命埋伏在周围的弓弩手射杀刘邦，结果，一箭射中了刘邦的胸口。

刘邦连忙捂着脚说："这个狗奴才竟然射中了我的脚！"

刘邦忍着剧痛，返回军营，躺在床上，无法动弹。

张良趴在刘邦身边，忧心忡忡道："大王，此时正是生死存亡的关键时刻。无论是我汉军，还是楚军，都看到你被箭矢射伤。如果此时你不出去慰劳士兵，借以安定军心，恐怕军心会涣散！到那时，楚军借机伐我，我军必败！"

刘邦强撑着起身，逞强道："这点伤算什么！走，跟老子一起去劳军！"随后，刘邦与张良乘坐战车巡视军队。

汉军见刘邦安然无恙，犹如吃了颗定心丸一般。

巡视结束后，刘邦病情加重，被立刻送往成皋救治。

也许刘邦命不该绝，因为箭矢并未射中要害。休养一段时间后，很快痊愈。

刘邦已经很久没有回关中了，他决定回关中看看，顺便安抚一下关中的父老乡亲。

在栎阳，刘邦慰问了当地的百姓，还设酒款待他们。为了讨好栎阳百姓，刘邦下令斩杀了塞王司马欣，还将司马欣的尸体挂在栎阳闹市里示众。栎阳百姓无不拥戴刘邦。

在栎阳待了四天，随后刘邦率领关中士兵东出函谷关，来到广武，继续与项羽对峙。

项羽听说韩信已经攻破赵国、齐国，下一步打算进攻楚国，于是派龙且与刚刚归降的齐王田广率领二十万大军攻打韩信。

两军尚未交战，部将向龙且建议说："汉军远离国土，拼死作战，这时兵锋正盛，锐不可当。而我齐楚联军在本土作战，士兵容易逃散。不如深挖壕沟，高筑壁垒，让齐王派遣心腹大臣，去安抚已经被韩信攻占的城邑。齐人听说齐王尚在，又有楚军前来援助，必定联合起来反叛汉军。汉军客居齐国，远离故土两千里，齐国城邑悉数反叛，汉军必定断粮，到那时我们大可不战而胜！"

听到韩信，龙且就一脸不屑。他反对说："我太了解韩信的为人了。这家伙是个胆小鬼，我听说他曾经还从别人的胯下钻过呢！等我们这次抓到他，让他也给诸位钻一个！"

部将劝谏道："将军，三思呀！"

龙且斥责道："你懂个屁！我是奉命来救援齐国的，倘若不战而胜，我有什么功劳可言？只要我战胜了汉军，赶走了韩信，就能得到一半的齐国，为什么要错过这个大好时机呢！"

龙且并未采纳部将的建议，而是选择在潍水摆下战阵，准备迎战韩信。

韩信一看楚军在潍水列阵，顿时笑了。

开战的前一天深夜，韩信命人赶制了一万条麻袋，每条麻袋中都装满了沙子，然后用装满沙子的麻袋堵住了潍水的上游。

第二天，韩信率领汉军渡过潍水攻打楚军。苦战良久，佯装不胜，从潍水撤退。

龙且见韩信这么不经打，便得意扬扬地说："我就知道韩信是个胆小鬼！"然后亲率大军追击韩信。

等龙且率领一小股楚军渡过潍水后，韩信立刻命人撤去潍水上游的麻袋。楚军的大部分士兵尚未来得及渡河，就被大水阻隔到对岸。

韩信趁机杀龙且个回马枪。龙且寡不敌众，被韩信斩杀。

对岸上的楚军见龙且被杀，纷纷逃散。

齐王田广见势不妙，仓皇而逃。

如今，齐国已经彻底被平定，齐王田广已经无法兴风作浪。接下来，韩信要干一件梦寐以求的大事——在齐地称王。

天下原有七国，他韩信为汉王先后攻破了魏国、赵国、燕国、齐国四国，大汉王朝三分之二的领土都是他韩信打下来的！张耳没有尺寸之功就能在赵地称王，他韩信凭什么不能称王！

他刘邦同意也得同意，不同意也得同意！

韩信派人向刘邦上书说："齐人狡诈多变，反复无常，如果没有人坐镇齐国，局势恐怕很难安定。恳请大王任命我为代理齐王，以震慑齐人！”

当时，刘邦正被楚军围困在荥阳，一看到韩信的上疏，立刻火冒三丈，对韩信的使者破口大骂道：“老子被困在荥阳，一心盼着他能来帮我，没想到他却想自立为王！”

张良闻言，连忙踩了踩刘邦的脚。

刘邦会意，不再吭声。

张良对刘邦耳语道：“如今，我们战事不利，被困荥阳，能阻止韩信称王吗？”

刘邦摇了摇头。

“既然如此，何不顺水推舟，遂了他的心愿呢？”

刘邦恨恨道：“老子心有不甘！”

“心有不甘又如何？倘若你不好好善待他，难免会发生变故！到那时，岂不是又要生出一个‘强楚’！”

刘邦沉默半晌，再次对韩信的使者破口大骂道：“大丈夫平定诸侯，功不可没，要做就做真齐王，怎么能做代理齐王呢！回去告诉韩信，寡人封他做真齐王！”

张良亲自赶往齐国，册封韩信为齐王。

之所以派张良亲自前往，一方面是为了表示刘邦重视韩信，另一方面是为了征调韩信的大军，攻打楚国，同时也可以削弱韩信的势力，防止韩信坐大到无法控制。

韩信在意的是能够称王，所以并不在意军队是否被征调。

站在齐国都城临淄的城楼上，韩信俯视着齐国辽阔的疆土，心中热血沸腾，因为他的梦想终于实现了！

游说韩信

龙且是项羽的得力干将，他的败亡对项羽来说是一个沉重打击。从来不知道何为恐惧的项羽开始变得有些恐慌，而这些恐慌都来自那个曾经在他手底下做事，并且被他无视的小兵，也就是今日的齐王韩信。

不到三年的时间，韩信灭魏，败赵，降燕，破齐，从一个无名小卒一跃成为裂地封王的一国之主。他像平地惊雷一样让天下震动。

如今，能够左右天下局势的只有韩信。韩信倒向刘邦，刘邦必胜。韩信倒向项羽，项羽必胜。如果韩信叛汉自立，就可与项羽、刘邦三分天下，至于以后天下真正鹿死谁手犹未可知！

对项羽而言，能用武力解决的事情坚决不用脑子。这次，他决定用一下脑子，派盱眙人武涉前往齐国策反韩信。

武涉见到韩信后，对韩信说："天下苦秦久矣，所以诸侯合力攻秦。灭掉秦朝后，项王按照功劳分封天下，然后罢兵休战。然而，汉王却兴兵东进，侵犯他人的国家，掠夺他人的土地。攻破三秦之后，汉王又东出函谷关，挟持诸侯攻打楚国，瞧他的架势是不吞并天下不会停止，真没想到他的野心竟然

已经到了这种地步！汉王这人狡诈，不可信，多次落到项王
手里，项王怜悯他，才让他活着，然而他一旦逃脱，就立刻背
弃承诺，再次攻打项王，真没想到他竟然是如此的不能亲近相
信啊！大王自认为与汉王交情深厚，为他掏心掏肺，肝脑涂
地，到最后恐怕只会成为他的炮灰！"

武涉说得唾沫横飞，却见韩信面无表情。

武涉顿了顿，向韩信朗声问道："大王，你知道你为什么
能够活到今天吗？"

韩信眉头一动，看向武涉，冷冷道："为什么？"

"因为项王！"

韩信不解地看着武涉，等待他的解释。

"刘项二人，谁能夺取天下，全掌握在大王手中！大王向
汉，汉王胜；大王向楚，项王胜。如果项王今日灭亡，下一个
灭亡的将是大王。"

韩信低头不语。

武涉劝说道："大王与项王有旧交情，为什么不脱离汉王，
与项王联合，三分天下呢！"

韩信辞谢说："当初，我侍奉项王时，官职不过是一个郎
中，职位不过是个执戟。我向项王献计，然而项王对我却是言
不听，计不从，所以我才抛弃楚国，投奔汉王。汉王不弃，拜
我为上将军，让我统领数万兵马，脱下衣服给我穿，把最好的
食物拿给我吃，对我可谓言听计从，所以我才有今天的富贵。
人家对我信任有加，我却背叛人家，不祥。即便到死，我也不

会变心。你回去替我谢谢项王的美意，只是韩信无福消受！"

武涉不死心，继续劝说道："联汉伐楚，这是脑残的人都干不出来的事！希望大王三思！"

"送客！"韩信转身离开。

武涉的游说最终以失败告终。

韩信的谋士蒯通听说武涉未能说服韩信三分天下，颇为失望。他决定用奇计来说动韩信。

有一天，蒯通对韩信说："我曾经学过相术。"

韩信笑道："先生平时是如何给人看相的？"

"贵贱在于骨骼，喜忧在于面色，成败在于决断。根据这些来看，必定万无一失。"

韩信突然来了兴致："太好了！先生快来帮我也看看！"

蒯通扫视了一眼周围的随从，道："希望大王能让随从人员暂时回避！"

韩信屏退随从后，只剩下他们两个人。

蒯通将韩信审视一番，说道："看大王的面相，不过封侯，而且还有危险。看大王的后背，实在是贵不可言哪！"

韩信不解地问道："这话什么意思？"

蒯通解释道："诸侯们最初起兵反秦时，英雄豪杰振臂一呼，天下有志之士云集响应。当时，人们只关心如何灭掉秦朝。现如今，楚汉争雄，致使天下百姓肝脑涂地，父子暴尸荒野，可谓不计其数。楚人于彭城起事，征战四方，到达荥阳，乘胜席卷四海，威震天下。然而，却被困于京县和索县之间，无法西进，已有三年。汉王率领数十万士兵，在巩县、洛县一带抗击楚军，尽管凭借着山河地势的险要，一日数战，不但没有尺寸之功，反而还屡屡战败，不能自救。兵败荥阳后，又在成皋身负重伤，于是游走于宛县、叶县之间。这就是古人常说的智者困，勇者乏。士兵的锐气受挫于险关要塞，内府里的粮食已经消耗殆尽，百姓疲惫不堪，怨声载道，人心动荡，无所依靠。窃以为，非天下至贤至圣之人不能平息天下之祸。如今，项王与汉王的命运就掌握在大王手中。大王心向汉王，汉王就能取胜；大王心向项王，项王就能取胜。我愿披肝沥胆，献上愚计。只恐大王不愿采纳。"

"说来看看！"

"倘若大王愿意听从我的计策，不如让楚汉并存，然后与刘项三分天下，鼎足而立。三足鼎立，就没有人敢轻举妄动。以大王的才能，拥有千军万马，又占据强齐，足以逼迫燕、赵屈服，再发兵牵制楚汉的后方，顺应民心，为百姓请命，天下必定群起响应。到那时，大王的号令谁敢不服从！然后，割取大国的土地，削弱强大的国家，分封给诸侯。诸侯必定感恩戴德，听命于齐国。我们固守齐国故土，占据胶河、泗水之地，用恩德感召诸侯，天下诸侯必定前赴后继地来朝拜齐国。我听说，上天赐予你，你不接受，就会受到惩罚。时机到来，你不采取行动，就会招致祸患。希望大王三思！"

韩信沉默半晌，摇了摇头，说："汉王待我恩重如山，拿车子给我坐，拿衣服给我穿，拿食物给我吃。我听说，乘坐别人的车子，就要分担别人的祸患。穿别人的衣服，就要总想着别人的忧愁。吃别人的饭，就要为别人拼死效命。我怎么能为了一己之私而背信弃义呢！"

"大王自以为与汉王交好，想要在他的手下建立万世不朽的功劳，我认为您的这种想法实在是太天真了！"

"为何？"

"想当初，常山王张耳与成安君陈馀还是平民的时候，结为刎颈之交，后来因为张黡、陈泽的事发生了争执，从此两人开始互相怨恨，恨不得将对方挫骨扬灰。张耳被陈馀赶出封地后，张耳背叛了项王，捧着楚将项婴的人头去投奔汉王。汉王借兵给他，派他攻打赵国，而他却在泜水南岸斩杀了陈馀，成为天下的笑柄。他们两人的交情，可以说天下无人能及。然而到头来，却反目成仇，还将对方置于死地。大王知道为什么会这样吗？"

"不知。"

"是因为祸患产生于贪得无厌，而人心却又难以预测！"蒯通话锋一转，"大王认为与汉王的交情，与张耳、陈馀昔日的交情相比，如何？"

"不如他们。"

"既然如此。即便大王以至忠至诚之心结交汉王，必定比不上张耳、陈馀的友谊更牢固，但是大王与汉王之间存在的问题远比张黡、陈泽更复杂。所以，我断定您认为汉王不会加害于您的这种想法是大错特错的！春秋时期，大夫文种、范蠡辅佐越王勾践，拯救了濒临灭亡的越国，并且使勾践称霸诸侯，然而功成名就之后，范蠡不得不归隐，而文种却被逼杀，可谓是'狡兔死，走狗烹'。就友谊而言，大王与汉王远比不上张耳与陈馀。就忠信而言，大王与汉王又比不上文种、范蠡与勾践。从这两件事上来看，足以判断是非了！希望大王深思熟虑地想一想！"

见韩信仍不为所动，蒯通继续说道："我听说英勇谋略超越君主的人是非常危险的，功勋冠盖天下的人是得不到奖赏的。大王渡过西河，俘虏魏王豹，活捉代相夏说，发兵井陉道，诛杀成安君，攻克赵地，降服燕国，平定齐国，击败二十万楚军，斩杀龙且，功劳可谓天下无二，谋略可谓世上少有。如今，大王携有震慑君主的威势，持有不能封赏的功劳，归楚，楚人不信；归汉，汉人恐惧。哪里才是您的归宿呢？大王具有震主之威，不赏之功，迟早会招致祸患！"

韩信一脸不耐烦地回道："先生不要再说了，让我再好好想想吧！"

过了很久，仍见韩信犹豫不决，蒯通决定二次劝说韩信。

蒯通对韩信说："善于听取别人的意见，就能预知未来发展的征兆。反复思量，才能把握成功的关键。虽然愿意听取别人的意见，但不能迅速做出正确的判断，导致决策失误，却妄想长治久安，实在是太天真了。听取意见并且能够做出正确判断的人，没有人能够用花言巧语蛊惑他。谋划周到而不本末倒置的人，没有人可以用甜言蜜语扰乱他。一心想要喂马的人，就会失去成为万乘之国的君主的机会。满足于微薄俸禄的人，又怎么能成为卿相呢？所以说，做事要果断。决断后，又不畏首畏尾。不敢贸然行动，就会埋下祸根。俗话说，猛虎犹豫不决，不如敢于蜇刺的黄蜂、蝎子。骏马徘徊不前，不如蜗行牛步的劣马。勇士狐疑不定，不如庸夫不达目的誓不罢休。即便有虞舜、夏禹的智慧，却沉默不言，还不如哑巴打手势更有用。这些俗语都说明，付诸行动是极其宝贵的。天下事，失败容易，成功却很难，而机会却难以抓住，容易失去。一旦错失良机，恐怕很难再来。希望大王思量再三！"

"寡人想了很久，仍是不忍心背叛汉王。寡人为大汉立下不世之功，想必汉王一定不会夺取寡人的齐国。希望先生以后不要再说这样的话了！"

蒯通见韩信油盐不进，对他失望至极。他知道韩信迟早会身死国灭，所以早早脱身，离开了韩信，假扮成一名疯疯癫癫的巫师，躲藏起来了。

果如蒯通所料，不到一年，韩信就从齐王被改封为楚王。两年后，又因为被诬告谋反而降为淮阴侯。七年后，又以不明不白的谋反罪被吕雉诛杀。

韩信临死前，曾极其后悔地对吕雉说道："我后悔没有采纳蒯通的计策，才导致今日会死在你们这些老娘们和小人的手中！"

蒯通虽然早早离开了韩信，但却没能逃脱刘邦的魔掌。

当时，刘邦从前线平叛归来，听说韩信被杀，既喜且悲，又听说蒯通曾经怂恿韩信背叛大汉，十分恼火，于是下令通缉蒯通。很快，蒯通就被带到了刘邦的面前。

刘邦呵斥蒯通道："是你小子怂恿韩信背叛寡人的吧？"

蒯通直言不讳道："我是教过他。但是这小子不用我的计策，才会有今天的下场。倘若他当初采纳了我的计策，陛下怎么可能这么轻易地灭掉他呢！"

刘邦大怒，转身对身边的甲士吩咐道："给寡人拉出去，烹了他！"

蒯通大呼："陛下，我冤枉啊！"

刘邦怒目而视，问道："你怂恿韩信背叛寡人，寡人怎么就冤枉你了？"

蒯通辩解道："秦朝法度败坏，政权瓦解，山东大乱，诸侯纷纷揭竿而起，英雄豪杰聚集在一起。秦失其鹿，天下共同追逐，智勇双全、行动迅速的人率先得到。盗跖的猎犬对着尧狂叫，并非尧不仁，只不过是为了尧不是狗的主人。当时，我侍奉韩信，只知道韩信，不知道陛下。更何况，天下秣马厉兵想要干陛下所干之事的人太多了，只是力不从心罢了，难道陛下能杀得完吗？"

刘邦沉默半晌，淡淡道："放了他！"

蒯通这才逃过一劫。

平分天下

韩信不愿叛汉，彭越又在后方时常偷袭楚军粮道，这让项羽十分头疼。这两人不除，迟早会成为大患，但楚军中能够除掉这两个人的唯有项羽，然而项羽分身乏术。

军中不可一日无粮，项羽决定先除掉彭越。

临走前，他对大司马曹咎等人千叮咛万嘱咐道："小心翼翼地替我把守成皋，无论汉军如何挑战，都不要出城应战，更不要让他们东进！你们只要帮我阻挡他们十五天，我就能除掉彭越，平定梁地。到那时，我再返回与诸侯将军会合。"

曹咎等人满口答应。

项羽在时，汉军犹如缩头乌龟一般不敢前来挑战。项羽一走，汉军顿时猖狂起来，立刻到成皋城下挑战。

起初，无论汉军如何挑衅，楚军仍旧坚守不出。后来，汉军想到一个阴招，找了一批擅长"国骂"的士兵，在城下辱骂五六天，将曹咎等将领的祖宗十八代用不可描述的语言问候了一遍。

要脸的人总是很容易被不要脸的人激怒，进而做出丧失理智的事。

曹咎不堪受辱，率军渡过汜水，迎击汉军。正当楚军渡河渡到一半的时候，汉军迅速出击，结果大败楚军，并缴获了大量的军需物资。曹咎没脸再见项羽，于是自杀而死。

项羽离开成皋后，直奔陈留、外黄。攻打外黄数日，却始终未能攻克。等到攻克时，项羽恼羞成怒，下令将外黄十五岁以上的男子悉数押到城东，并打算全部坑杀。

外黄县令的门客有一个十三岁的儿子，听说项羽打算血洗外黄，主动请缨，要求去拜见项羽。一见到项羽，他便问道："大王知道外黄人为什么会投降彭越吗？"

项羽好奇地问道："为什么呢？"

"因为彭越用武力威胁外黄人，外黄人害怕，所以才会暂时投降。其实，主要是为了等待大王来拯救我们。大王一到，没想到却要坑杀他们，外黄人又怎么会归附大王呢？"

项羽沉默不语。

"如果大王坑杀了外黄人，外黄以北的十几座城池的百姓就会感到恐惧，他们必定死战而不愿投降。相反，如果您能开恩赦免了外黄人，其他城池的百姓必定望风而降。"

项羽见他说得颇有道理，便赦免了外黄人。

果然，从外黄东到睢阳，百姓听说项羽没有屠城，于是争先恐后地投降了。

到达睢阳时，项羽听说曹咎兵败自杀，立刻率军返回。又听说汉军将钟离眛围困在荥阳以东，于是直奔荥阳。汉军听说项羽率军赶往，便纷纷撤退。

打仗，其实打的是粮食。汉军粮食充足，可以与楚军耗下去。然而，楚军整日东奔西走，已经疲惫不堪，并且粮食即将耗尽。逐渐占了上风的刘邦趁机派谋士陆贾游说项王，让他释放刘太公和吕雉，但项羽死活就是不答应。

刘邦不死心，又派侯公游说项羽。侯公不但成功说服项羽释放刘太公和吕雉，还说服项羽与刘邦平分天下：鸿沟以西归汉，鸿沟以东归楚。

刘邦封侯公为平国君，并夸赞他说："这个人是天下辩士，所到之处，可以灭亡一个国家，所以才封他'平国君'。"

一个人倘若可以凭借三寸不烂之舌就能灭亡一个国家，那将会多么的可怕！

有这样的人活在世上，哪位帝王可以睡得安稳？所以，厥功至伟的侯公在得到封赏之后，便躲了起来，再也不肯前去拜见刘邦。

楚汉签订议和盟约后，项羽罢兵东归，刘邦准备率军西还。然而，张良、陈平却劝刘邦说："汉已占领大半个天下，而诸侯们纷纷归附。楚军兵困马乏，粮食殆尽，此时正是灭掉楚国的大好时机。不如趁着这个机会灭掉它。现在放走项王，无异于养虎为患。"

墨迹未干，刘邦就率军追击楚军到阳夏，然后与韩信、彭越相约一起攻打楚军。但到达固陵时，却仍不见韩信、彭越的踪影。

汉军独自与楚军交战，结果大败。刘邦不得不狼狈地退回军营，坚守不出。

逢战必败，让刘邦十分泄气。韩信、彭越不愿前来助战，又让刘邦大为恼火。

刘邦又气又恨地对张良说："韩信、彭越不遵守约定怎么办呢？"

张良分析说："韩信自立为齐王，并非大王的本意，所以韩信对此并不放心。彭越平定了梁地，战功赫赫，然而您当初却因为魏豹的原因，只任命彭越做了魏国国相。如今，魏豹已死，而且并未留下后代，所以彭越称王之心日益膨胀。楚军覆灭在即，他们二人却始终没有得到封地，当然不会前来。只要大王承诺与他们共分天下，他们就会马不停蹄地赶来。如果不这样做，未来的局势恐怕很难预料！"

"那我该怎么分封他们呢？"

"大王只需要将陈县以东到沿海一带全部划给韩信，将睢阳以北到谷城全部划给彭越，令他们各自为战，楚军很快就会被击败。"

刘邦立刻派使者通告韩信、彭越："只要你们按照约定与我一同攻打楚国，楚国一旦被攻破，陈县以东到大海的地方归韩信，睢阳以北到谷城归彭越。"

二人得到承诺后，立刻率军前往垓下。

与此同时，英布、刘贾率军从寿春出发，屠灭城父后，到达垓下。

楚国大司马周殷临阵倒戈，率军屠灭六县，率领九江士兵与英布、刘贾会师垓下。

喋血乌江

汉五年（公元前202年），各路诸侯军将项羽团团包围。韩信亲率三十万大军与项羽的十万大军正面对抗，孔将军统领左军，费将军统领右军，刘邦坐镇后方，绛侯周勃、柴将军跟在刘邦身后。

韩信率先向楚军发动攻击，战事不利，稍稍退却。孔将军、费将军趁机从两翼进攻，楚军不利，韩信又乘势反扑上来，结果大败项羽于垓下。

一生从未有过败绩的西楚霸王终于尝到了失败的滋味！

项羽正自感伤，突然四面响起了楚歌。

项羽悲恸道："汉军难道已经占领了楚国吗？为什么汉军中有那么多楚人呢？"

项羽拿起酒，自斟自饮，爱妾虞姬陪伴在左右。

回想到自己二十四岁起兵至今，不过八年，其间杀殷通，斩宋义，降章邯，诛暴秦，自立为西楚霸王，并主持分封天下，是何等的豪迈！

一生南征北战，从未有过败绩，没想到今日却沦落到这般田地，项羽不禁感慨万千。

他端起酒爵一饮而尽，吟唱道："力拔山兮气盖世，时不利兮骓不逝。骓不逝兮可奈何，虞兮虞兮奈若何!"他反复吟唱数遍，虞姬在一旁跟着吟唱。

吟罢，虞姬含泪拔剑自刎。

项羽抱起虞姬冰冷的尸体，泣不成声。

左右侍从无不垂泪，悲伤得无法抬头仰视。

当天夜里，项羽骑着乌骓马，率领八百多骑兵杀出重围，然后向南逃窜。

天亮时，汉军才有所察觉。刘邦立刻派灌婴率领五千骑兵前去追击，并且下令，凡得到项羽首级者，赏千金，封万户侯。

项羽渡过淮水时，手下还剩下一百多名骑兵。到达阴陵时，却迷了路。

这时，遇到了一个农夫。项羽向农夫问路，没想到农夫故意撒谎，导致他陷入沼泽之中，给了汉军追上他的机会。

两军一阵厮杀之后，项羽率领骑兵继续向东窜逃。到达东城时，仅剩二十八名骑兵。

汉军立功心切，穷追不舍，最终将项羽重重包围在东城外的山坡上。

项羽似乎意识到已经无法脱身，于是对众人说："自我起兵以来，已有八年，打了大大小小七十多场仗，所抵挡的敌人无不被打垮，所攻击的敌人无不投降，而我却从来没有失败过，所以才能称霸天下。然而，今天之所以会被困在这里，实乃上天想要亡我，并非我不擅长打仗！今天既然要决心战死，不如与诸位痛痛快快打一仗，我要三战三胜，替诸位杀出重围，斩杀敌将，拔掉敌旗，让诸位知道，确实是天要亡我，而不是我项羽不懂打仗！"

随后，项羽将仅剩的二十八名骑兵，分成四队，每队七人，分别面朝四个方向。然后与众人商定，在山坡东面的三个地方会合。

项羽胸有成竹地对众人说："我先来为诸位斩杀一员汉军大将！"然后命四队骑兵同时冲下山丘，而项羽则独自骑着乌骓马大喊着冲向汉军。

项羽以一敌百，所向披靡，所到之处，汉军无不溃退。不到一刻钟的时间，项羽便成功斩杀一员悍将。

郎中骑杨喜陡然发现项羽，大喜过望，于是亲率大批骑兵前去追击。

项羽见杨喜穷追不舍，勒马，回头，瞋目而视，一声断喝，吓得杨喜人马俱惊，倒退数里。

项羽与骑兵分三处会合后，汉军不知道项羽在哪一处，于是也将骑兵分成三队，再次将楚军重重包围。

项羽再次纵马冲向汉军，于千人中斩杀一名都尉和近百名汉军，然后将所有骑兵聚集在一起，发现仅仅损失了两人。

项羽不无骄傲地问众人道："怎么样？"

众人一脸振奋地回道："正如大王所言！"

随后，项羽率领骑兵奔向乌江，想要向东渡过乌江。

乌江亭长早已在江边准备好船只等待项羽。

项羽：神一样的对手

乌江亭长急急劝道："江东虽小，但方圆也有千里，民众数十万，足够称王！希望大王速速渡江！"

项羽长叹一声，回道："既然上天想要亡我，我为什么还要渡江呢！"

乌江亭长催促道："大王，留得青山在不怕没柴烧！更何况现在只有我有船只，即便汉军追击至此，也无法渡河！还望大王赶快渡江！"

项羽一脸悲痛地回道："当初，我与江东八千子弟渡江而西，然而今天却无一生还，纵使江东父老怜悯我，拥立我称王，但我又有何面目去见他们呢？纵使他们不说，难道我不会感觉愧疚吗？"

众人闻言，无不涕泪交加。

沉默半晌，项羽拍拍乌江亭长的肩膀，安慰地笑道："我知道你是个忠厚长者，"指着自己的乌骓马，"我骑着这匹马已经有五年了，所向披靡，可以日行千里，我不忍心杀它，今天就赐给你了！"

乌江亭长见项羽心意已决，含泪牵着乌骓马离开。

这时，汉军追至。项羽命所有骑兵，下马步行，与汉军短兵相接。项羽一人手持利剑，冲进汉军，顷刻间便斩杀数百人，不过，自己也身中十余剑。

这时，项羽看到了汉军的骑司马吕马童。

吕马童曾是项羽的部将，项羽分封天下不久，就投靠了刘邦。他还曾追随韩信诛杀龙且，并因此而擢升为骑司马。

248

项羽冲吕马童喊道："这不是故人吗？"

吕马童闻声望去，猛然发现竟是项羽，不禁大吃一惊。

吕马童自知不是项羽的对手，颤着嗓子对旁边的郎中令王翳喊道："他——他就是项羽！"

王翳大为振奋，但不敢独自靠近项羽。

这时，郎中骑杨喜、郎中吕胜、都尉杨武三人也一起围了上来。

项羽扫视众人一眼，然后收回目光，看着唯一熟悉的故人吕马童，大笑道："我听说汉王悬赏千金、万户侯来购买我的首级，今天就让我来成全你吧！"言罢，挥剑自杀了。

五人顿时被惊得目瞪口呆。

吕马童突然回过神来，以迅雷不及掩耳之势跳下战马，冲向项羽的尸体。

王翳、杨喜、杨武、吕胜四人也回过神来，纷纷冲向项羽的尸体。

五人开始哄抢项羽的尸体。

项羽被五人分尸。

五人带着项羽的尸体回去后，均被封侯。

项羽明明可以逃回江东，但他为何偏偏要选择在乌江自刎呢？主要有两个原因：第一，项羽很迷信，把自己的战败归咎于上天想要让他灭亡。作为一个注定要灭亡的人，他感觉苟且偷生毫无意义。第二，当初他率领八千江东子弟渡江灭秦，如今却被打成光杆司令，他感觉实在没脸见江东父老。

如果项羽不自杀，他是否能够东山再起呢？

事实上，当时项羽大势已去。他在巅峰时期尚且不能打败刘邦，在大势已去的情况下又岂能打败刘邦呢？所以，东山再起的可能性微乎其微。

不过，项羽毕竟百战百胜，江东又是他的根据地，如果他不自杀，或许可以像三国时期的孙权一样割据江东。

项羽死后，刘邦还亲自为他举行了一场盛大的葬礼。

举行葬礼那天，刘邦跪在项羽的坟头，泪流满面，是喜极而泣，也是悲泣。喜在令他整日坐卧不安的劲敌终于死了，悲在英雄惺惺相惜。

项羽一向瞧不上刘邦这种小混混，如果他看到这种场景，恐怕会对刘邦说："请不要在我的坟前哭泣，免得脏了我轮回的路！"

项羽死后，刘邦并未株连他的亲属。不仅如此，项伯被封为射阳侯，项氏还有三人同样被封侯，并赐刘姓。

自此，楚汉之争以项羽的身死国灭而宣告结束。